Diogenes Taschenbuch 24356

de
te
be

Gefährliche Ferien – Italien

mit Donna Leon, Andrea De Carlo, Carlo Lucarelli und anderen

Ausgewählt von Silvia Zanovello

Diogenes

Nachweis am Schluss des Bandes
Umschlagfoto von Marius Roman (Ausschnitt)

Originalausgabe

www.diogenes.ch
100/16/44/1
ISBN 978 3 257 24356 7

Inhalt

Giorgio Faletti

Auf fremde Rechnung

I.

Der Bahnhof ist der übliche Ankunftsort in einer Provinzstadt.

Gleise hinten und Gleise vorn, gespannte Drähte, die den Himmel mit Streifen durchziehen, und Rost auf den Schwellen, der den Boden bis zu der Kurve färbt, die sich im Hintergrund erahnen lässt. An der Seite ein langgestrecktes, niedriges Gebäude, das seiner ganzen Architektur und Farbe nach nur ein Bahnhofsgebäude sein kann. Das blaue Schild, das dort hängt, bietet den Reisenden in den durchfahrenden Zügen »Asti« an und drängt sich denen auf, die bleiben.

Der Zug kreischt mit Bremsen und Eisen, bis er hält und die Türen aufgehen.

Fahrgäste steigen aus, während eine Stimme Verbindungen vorschlägt. Namen, die einen nicht zum Träumen einladen, gewöhnliche Nachbarorte, schlichtes Nachhausekommen. Ende eines Reiseabenteuers, das in Gegenden wie diesen fast nie eines ist. Alltägliche Ereignisse, die als Lohn die unabwendbare Eintönigkeit eines Uhrpendels garantieren.

Tick, tack, tick, tack …

Ein Ausschlag bei der Hinfahrt und einer bei der Rückfahrt, jeden Tag gleich, bis die Uhr abgelaufen ist und man nur noch feststellen kann, ob die letzte Sekunde einem Tick oder einem Tack entspricht. Als er aus dem Zug steigt, denkt der Mann, der seine Entscheidung getroffen hat, dass dies im Grunde auch sein Leben ist, ein Zug am Morgen und einer am Abend, ohne Unterbrechung, bis er irgendwann zu müde zum Weitermachen ist.

Oder das Leben beschließt, dass er zu müde zum Weitermachen ist …

Jedenfalls hat der Mann, der seine Entscheidung getroffen hat, sich das Versprechen gegeben, dass dieser Tag ein besonderer Tag sein wird. Der Tag, an dem die Trauer gerechtfertigt und der Schmerz belohnt wird. Der Tag, an dem er Jagd auf ein Lächeln machen wird, nicht für sich, sondern für einen Toten.

Oder für alle Toten.

Wenn alles besser wäre, wenn es gerecht zuginge, wenn das Ganze sich auch nur scheinbar einem Gesetz, vor dem alle gleich sind, annähern würde, gäbe es keine Veranlassung, das zu tun, was er sich vorgenommen hat.

Wenn alles anders wäre …

Diese Gedanken bewegen ihn so heftig, dass er unwillkürlich die Kiefer aufeinanderpresst. Die Gedanken sind so glasklar wie auch seine Beweggründe, so dass er sich nicht wundern würde, wenn sie ihm ins Gesicht geschrieben stünden. Er ist erstaunt, dass seine Entschlossenheit keine Farbe, Gestalt oder Größe annimmt und er sich nicht von den Leuten um ihn herum abhebt wie eine groteske Comicfigur.

Doch sein Gesichtsausdruck und seine Statur sind genau wie immer, und er navigiert zwischen den Menschen hindurch wie ein Schiff, das unter niemands Flagge in ruhigen Gewässern segelt. Keiner achtet auf ihn. Alle sind im Geiste mit etwas beschäftigt, das sie am Anfang oder am Ende ihrer kurzen oder langen, leichten oder beschwerlichen Fahrt gefunden haben oder bald finden werden. Für sie alle ist er nur ein weiterer anonymer Reisender, der Zeit und Raum die Stirn bietet und sich auf dem Bahnhofsvorplatz verliert.

Kaum ist er draußen, bleibt er stehen und betrachtet mit dem Blick der Gewohnheit eine Stadt, die er schon oft gesehen hat.

Hier und anderswo.

Provinzlandschaft, Bahnhofspanorama: Bäume, Taxis, Busse, ein Brunnen, Geschäfte an den Seiten. Die Kühle einer Eisdiele für die Sommertage. Eine aus Komparsen bestehende Bevölkerung, die Summe dieses und aller anderen Bahnhöfe auf der Welt. Auch am anderen Ende dieser täglichen Strecke, die seit Jahren sein Leben ist, gibt es eine solche Szenerie. Der Name auf dem Schild bei Ankunft des Zuges ändert sich, es ändert sich das Theater, es ändern sich die Schauspieler, aber nicht die Personen.

Man braucht nur einen Augenblick oder wenig mehr, um zu verstehen, wer wer ist, falls man es will oder Lust dazu hat.

Er zuckt leicht die Achseln und macht sich zu Fuß auf den Weg, ohne Eile, weil er keine Fristen einhalten, sondern nur ein Ergebnis erzielen muss. Während er die Piazza überquert und als einziges Ziel die Stadt hat, denkt er, dass er am nächsten Tag, wenn er wieder den Zug besteigt, eine stehengebliebene Uhr hinter sich lassen wird. Er weiß nicht, wie sein Gang, sein Atem und seine Gedanken sein werden, aber er ist sich sicher, sie werden nicht mehr wie vorher sein. Er geht weiter, geschützt von einem nichts sagenden Übergangsmantel, der seinen Schritten keinen Schwung zu verleihen und die etwas gebeugten Schultern nicht zu verbergen vermag.

In der rechten Tasche dieses Mantels hält der

Mann, der seine Entscheidung getroffen hat, eine Pistole versteckt.

2.

Das Faultier hatte zwei Stimmen.

Eine war für alle, es war die, mit der er zur Welt sprach und die er die Gute Stimme nannte. Das war die Stimme, die vernünftig redete, die grüßte und danke und bitte und Entschuldigung sagte, aber sie war bloß eine Art klingende Maske, ein Deckmantel, hinter dem er sich all die Stunden verbarg, die er unter Menschen zubringen musste. Dann gab es noch eine, die nur für ihn war, die er in sich spürte und mit der er argumentierte und sprach, als käme sie aus einem eigenständigen Teil seines Gehirns. Die ganze Zeit hatte er sie so gut geheim gehalten, dass niemand etwas von ihrer Existenz ahnte. Das war seine wahre Stimme.

Das war die Böse Stimme.

Sie kam jetzt ohne Worte aus seinem Mund, während er den Mädchen zusah und sich die Lippen leckte.

Er hatte das Auto auf dem Parkplatz an der Rückseite des Hotels stehenlassen und war zu Fuß durch das Dunkel und die baumreiche Allee vor dem Stadion gegangen. Er war nach rechts abgebogen, hatte das Hotel hinter sich gelassen und den Widerschein der Lichter aus den Fenstern wie einen Stempel auf seinem Lederblouson hingenommen. Langsam und mit starr geradeaus gerichtetem Blick hatte er die Straße überquert und sich der Umzäunung erst genähert, als er sich auf der entgegengesetzten Seite der Feuerwache befand.

Er tat nichts Schlimmes, aber angesichts seiner Vorstrafen wollte er lieber keine Aufmerksamkeit erregen. Die Wache war an einer Ecke, an der nichts los war, die sich aber dennoch von einem Moment auf den anderen beleben konnte. Außerdem gab es immer einen gelangweilten Feuerwehrmann, der einen Blick zu viel aus dem Fenster warf. Diese Leute waren darin ausgebildet, zu sehen, nicht nur zu gucken. Und er wollte weder beguckt noch gesehen werden.

Zumindest nicht an diesem Ort und zu dieser Zeit.

Er war absichtlich auf der Höhe eines Oleandergebüschs über die Straße gegangen, das die Grenze zwischen dem Zaun und der Mauer bezeichnete, dort, wo die Allee eine Kurve bildete und die Mauer vom Lieferanteneingang des Stadions durchbrochen wurde. Er hatte sich so postiert, dass dieses Gebüsch auf dem kurzen Grünstreifen neben dem Asphalt ihn bestmöglich vor den Blicken Vorbeikommender schützte, die zu Fuß oder im Auto auf der Straße unterwegs waren. Auch wenn es eigentlich nicht mehr die Jahreszeit für Spaziergänge war und die Autos zu dieser Abendstunde sehr zügig fuhren, eckiges Blech und runde Reifen, die Leute zu einem Zuhause und einem Abendessen brachten.

Er schlug seinen Jackenkragen hoch und hielt sich an dem mit grünem Kunststoff überzogenen Drahtgitter fest. Mit krallenartigen Händen klammerte er sich an den Zaun wie ein Parasit an seinen Wirt. Auf der anderen Seite war das leuchtende Grün eines Fußballfelds, vor Feuchtigkeit glitzernd im Flutlicht. Auf der anderen Seite war die Welt, die tagtäglich seine Phantasie beflügelte. Vor dem Tor, das ihm am nächsten lag, trainierten die Mitglieder einer Frauenfußballmannschaft unter den in alle Richtungen streuenden Scheinwerfern. Fast alle hatten sie Trainingsanzüge an, doch manche trugen trotz des kühlen Abends noch ihre Shorts, und ihre Beine stachen nackt und kräftig in dem beinahe unerträglich grellen Licht der beleuchteten Anzeigetafeln oben hervor.

Besonders eine fiel ihm auf, größer als der Durchschnitt ihrer Kameradinnen, mit einem Engelsgesicht und einem mageren, biegsamen Körper, der eher an ein Model als an eine Sportlerin denken ließ. Sie hatte sich von der Gruppe entfernt, die gerade den von vielem Gestikulieren begleiteten Worten der Trainerin zuhörte. In wenigen Metern Abstand übte sie überraschend geschickt mit dem Ball, spielte ihn problemlos vom rechten auf den linken Fuß und zum Knie und wieder zum Fuß, mit Hüftbewegungen, die dieser Technikübung eine seltsame Sinnlichkeit verliehen, einen tänzerischen Anstrich in dem weißen Licht.

Sie war braungebrannt, obwohl der Sommer inzwischen nur noch eine Erinnerung war, und das Faultier dachte, dass sie sich bestimmt hin und wieder in einem Sonnenstudio auf den Grill legte, um sich diesen bernsteinfarbenen Ton zu erhalten. Er stellte sich vor, wie sie aus ihren Kleidern schlüpfte und sich nackt in der Kabine bewegte, die festen Brüste und die jugendlichen Pobacken freigelegt, um von den violetten Fingern der uv-Strahlen erkundet zu werden.

Das Faultier fuhr sich erneut mit der Zunge über die Lippen. Das verschaffte ihm keine Erleichterung, denn sein Mund war noch trockener als die Lippen. Er spürte, wie eine beginnende Erektion seine Hose spannte. Gern wäre er nackt und verstohlen mit ihr in diese enge Kabine gegangen und hätte mit der Bösen Stimme zu ihr gesprochen, während er ihn ihr reinsteckte. Der plötzliche Gedanke, dass sie noch Jungfrau sein könnte, ließ eine Hitzewallung von seinem Bauch bis zu den Schläfen aufsteigen. Eine noch größere Lust wäre es, sie mit Gewalt zu nehmen, ohne jede Rücksichtnahme, in dem Wissen, dass dieser rohe Akt ihr ein wenig Schmerz bereiten würde …

Hol dir einen runter, sagte die Böse Stimme.

Nicht hier, hauchte er mit der Guten Stimme.

Nur mühsam beherrschte er den Drang, die Hose aufzuknöpfen, seinen Schwanz herauszuholen und im Rhythmus der Ballübung des Mädchens zu masturbieren. Der Bösen Stimme gehorchte er nicht immer. Er hatte ihretwegen schon zu viele Schwierigkeiten gehabt und lernen müssen, sie im Zaum zu halten. Wenigstens ein bisschen. Wenigstens in der Öffentlichkeit.

Auf dem Platz hörte das Mädchen jetzt mit seinen Übungen auf, als würde sie sich von einem Moment der Intimität losreißen, von dem selbstversunkenen Dialog mit einem Ball, der unter diesen Umständen vielleicht mehr verkörperte, als er normalerweise verkörperte. Mit einer flinken Fußbewegung nahm sie den Ball vom Boden auf und fing ihn mit den Händen. Sie klemmte ihn sich unter den Arm, kehrte der Seite, wo das Faultier stand, den Rücken zu und ging zurück zu ihrer Mannschaft, die ihre Abwesenheit nicht bemerkt hatte.

Als sie sich entfernte, wirkte das Spiel ihrer Pobacken unter dem dünnen Stoff der weißen Shorts beinahe hypnotisierend auf den faszinierten Blick des Faultiers.

Sie hat dich gesehen und will dich heiß machen, die kleine Nutte, brüllte die Böse Stimme lautlos.

Das Faultier war unschlüssig. Möglicherweise hatte die Böse Stimme diesmal recht. Möglicherweise besaß diese junge Frau die Durchtriebenheit und die provozierende Art einer Erwachsenen. Einer der Huren, mit denen er ab und zu bumste, wenn er das Geld hatte, um sie sich leisten zu können.

Bei der Befriedigung seiner diversen Begierden hatte das Faultier mit einer Reihe von Problemen zu kämpfen: Er war hässlich, ohne einen Cent und stand auf schöne Frauen. Sein Gesicht mit den hervorquellenden, wässerigen Augen, den überstehenden Schneidezähnen und dem fliehenden Kinn hatte ihm den Spitznamen eingetragen, den er mittlerweile wie ein Epitaph mit sich herumtrug. Lucio Bertolino war an jenem verfluchten Tag im Gefängnis gestorben, als einer gesagt hatte, er würde dem Faultier im Zeichentrickfilm *Ice Age* ähnlich sehen.

Als Mann war er in den Knast gegangen, und als Karikatur war er wieder herausgekommen.

Das hatte sein Leben jedoch nicht wesentlich verändert, jedenfalls nicht unter äußerlichen Gesichtspunkten. Wie zuvor, ob als Lucio oder als Faultier, stießen ihn die Frauen ab, mit denen er ohne Bezahlung Sex haben konnte. Und er stieß die ab, die ihm gefielen.

Folglich musste er bezahlen, wenn er Sex haben wollte. Die Huren waren die einzigen Frauen, die seine Gelüste befriedigen und seine Phantasien Wirklichkeit werden lassen konnten. Er suchte sie sich im Internet, auf einer der vielen Websites voller erotischer Fotos, nackte Hintern und Brüste dem Blick dargeboten, die Gesichter manchmal leicht verschwommen, um sie unkenntlich zu machen, obwohl man sie trotzdem erahnen konnte und dadurch alles noch erregender wurde. Es waren junge Mädchen, Luxuscallgirls, und ihre Honorare waren oft unerschwinglich für die Finanzen des Faultiers. Manchmal, wenn er mal wieder leere Taschen hatte, begnügte er sich damit, die heißen Fotos auf dem Bildschirm zu beglotzen; er masturbierte und ließ seiner Phantasie freien Lauf, spulte vor seinem geistigen Auge ab, was er mit jeder beliebigen von ihnen anstellen würde.

Das nächste Mal würde er sich ein Mädchen aussuchen, das dem ähnlich sah, das bis eben noch den Ball mit dieser hypnotisierenden Bewegung, die geradezu eine sexuelle Anspielung war, auf den Füßen hatte hüpfen lassen.

Rauf, runter, rauf, runter, rauf, runter …

Er würde sich das Trikot besorgen und sie bitten, es anzuziehen, er würde ihr sagen, sie solle sich im Bad ausziehen und eine Dusche nehmen, wie jeder Sportler nach dem Training. Dann …

Die Lichter auf dem Platz erloschen und löschten zugleich den mentalen Bildschirm, auf den er seine Bilder projizierte. Die Frau, die sich gerade für ihn auszog, löste sich auf und schwamm als gelblicher Fleck vor seinen Augen.

Das Faultier blieb allein im Dunkeln zurück, wie immer.

Er klammerte sich noch ein paar Augenblicke lang an den Zaun, als wäre der durch seine Erregung elektrifiziert. Schließlich löste er sich davon, trat aus dem Schutz des Gebüschs und überquerte die Straße, um zu seinem Wagen zurückzugehen. Unterwegs dachte er darüber nach, wie er sich Geld beschaffen könnte. Er war total abgebrannt, aber ihm würde schon etwas einfallen. Irgendwie hatte er sich immer durchgeschlagen, und er würde es auch diesmal schaffen. Ein Freund hatte ihm gerade ein paar Typen vorgestellt, die ihm versicherten, dass man mit Dealen gut verdienen könnte, dass Drogen inzwischen allgegenwärtig wären, mit einem für alle gesellschaftlichen Gruppen offenen Markt.

Koks, Heroin, Ecstasy …

Ein garantiertes Fest für jeden Geldbeutel und jede Art von Sucht.

Er war aus diesen Kreisen immer ausgeschlossen gewesen, nicht wegen irgendwelcher moralischer Bedenken, sondern mangels Gelegenheit hineinzugelangen. Stets hatte er sich mit unbedeutenden Wohnungseinbrüchen abgemüht, mit armseligen Überfällen auf Rentner, die gerade von der Post kamen, mit Handtaschenraub und Ähnlichem. Kleinkram, bei dem er fast nie geschnappt wurde. Was die Polizei auf ihn aufmerksam gemacht hatte, waren Anzeigen wegen sexueller Belästigung von einigen jungen Frauen, die wie Seifenblasen zerplatzten, sobald er aufhörte, ihnen nachzustellen.

Das einzige Mal, als er es mit einem richtigen Coup versucht hatte, war es gekommen, wie es kommen musste. Vielleicht war die Sache für ihn und seine Freunde eine Nummer zu groß gewesen. Jedenfalls waren sie mit mehr Anklagepunkten auf dem Buckel, als ein Hund Flöhe hat, im Knast gelandet.

Dabei wäre alles wie geschmiert gelaufen, wenn nur nicht diese verdammte Kurve und dieses verdammte andere Auto gewesen wären …

Immerhin hatte das Faultier im Gefängnis gelernt, wie es in der Welt zugeht. Zumindest in einer gewissen Welt. Die echten Knackis hatten ihm erklärt, wie man zu Geld kommt. Und er hatte kapiert, dass das Gesetz ein Netz mit ziemlich weiten Maschen ist. Nach Recht und Gesetz hätte er viele Jahre absitzen müssen. Doch mit Verfahrensabsprachen, Straferlass und vorzeitiger Entlassung wegen guter Führung war er mit weniger als drei davongekommen.

Und jetzt war er entschlossen, Ernst zu machen.

Um alle Nutten bezahlen zu können, die ihm gefielen, und alle guten Anwälte, die er brauchte, nämlich solche, mit denen man abends in den Knast hineinging und am nächsten Tag wieder herauskam.

Schritt für Schritt war er wieder vor dem Hotel angelangt. Aus dem erleuchteten Speisesaal drangen Stimmen und Geschirrgeklapper nach draußen. Vielleicht eines der vielen Abendessen für einen guten Zweck des Rotary oder Lions Club oder so etwas. Reiche Leute mit viel Zaster in der Tasche, die keine Probleme hatten und wahrscheinlich nie welche gehabt hatten. Die mit ihren dicken, glänzend polierten Karren an Praia, dem verrufenen Viertel, in dem er wohnte, vorbeifuhren, einen abfälligen oder zerstreuten Blick darauf warfen und weiterbrausten, hin zu ihren schönen Häusern in den Hügeln oder in der Altstadt.

Beschissene Arschlöcher, sagte die Böse Stimme.

Er ließ die Böse Stimme an den Fenstern hängen, damit sie seinen Zorn hineinschrie. Er bog um die Ecke, und seine Gedanken löschten aus, was er gerade sah, und kehrten zu dem zurück, was er zuvor gesehen hatte. Die Erregung fegte den Anflug von Wut hinweg. Jetzt würde er nach Hause fahren, den Computer einschalten und im Internet surfen, um ein Mädchen zu suchen, das der unbekannten Fußballspielerin ähnlich sah. Wenn er sie gefunden hatte, wusste er, würde er seine Böse Stimme unversehrt wieder aufrufen können, um mit ihrem Foto auf dem Bildschirm zu sprechen, bis er die Möglichkeit hatte, ihr persönlich zu begegnen.

Vielleicht würde er sie sogar anrufen, um ihre Stimme zu hören und zu erfahren, wie viel sie dafür nahm, dass er seine Phantasien ausleben durfte.

Beflügelt von dieser Idee beschleunigte er seine Schritte und erreichte sein Auto, das er abseits von allen anderen geparkt hatte, mit der Schnauze an einer Lorbeerhecke, die den Parkplatz begrenzte. Er suchte gerade nach dem Schlüssel in seiner Jackentasche, als seitlich von ihm die Gestalt eines Mannes aus dem Schatten trat, angekündigt durch das Flattern eines leichten Übergangsmantels.

Noch ehe er dessen Gesichtszüge erkennen konnte, sah er, dass er eine Pistole in der Hand hielt.

Seine Stimme klang tief und emotionslos.

»Guten Abend, Signor Bertolino.«

Instinktiv wich das Faultier einen Schritt zurück.

»Wer zum Teufel –«

»Schsch«, brachte ihn der Mann zum Schweigen. »Mach kein Theater und steig ein.«

Während er den Schlüssel herausholte und aufschloss, ging der Mann, der ihn stets im Visier behielt, zur anderen Wagenseite hinüber, um sich auf den Beifahrersitz zu setzen.

Sie stiegen ein, und das Licht vom Armaturenbrett fiel auf das Gesicht des Mannes mit der Pistole. Das Faultier trug einen Sack voll schlechter Erinnerungen mit sich herum und begann, darin zu kramen.

»Ich hab dich schon mal gesehen. Du bist …«

Der Mann unterbrach ihn.

»Es ist unwichtig, wer ich bin. Wichtig ist, wer du bist.«

Das Faultier besaß kein Gehirn, das ihm erlaubte, mehrere Dinge gleichzeitig zu tun. Er schob all die Fragen, die sich ihm stellten, beiseite und begann sich zu fürchten.

»Was willst du?«

Er merkte, dass die Gute Stimme zitternd aus seinem Mund gekommen war.

Der Mann zeigte mit der freien Hand auf einen unbestimmten Punkt vor der Windschutzscheibe.

»Ein bisschen herumfahren. Lass den Motor an. Und schön langsam.«

Als das Faultier den Zündschlüssel im Schloss drehte, hatte er plötzlich eine trockene Kehle und konnte mit keiner seiner Stimmen auch nur ein Wort herausbringen.

3.

Carlin Bonomo bahnte sich einen Weg durchs Gebüsch und konnte nicht umhin, ein wenig verärgert zu sein. Sein Sohn, der redete, wie Jugendliche eben reden, hätte »voll genervt« gesagt, und das war vielleicht der angemessenere Ausdruck. Wenn es so weiterging, würde er schon die zweite Nacht in Folge umsonst durch die Gegend streifen. Am Wetter ließ sich nichts ändern, und die Meteorologie, die seinen Nebenjob bestimmte, erwies sich tatsächlich als exakte Wissenschaft. Den ganzen Sommer über hatte es nicht geregnet, und Sonne und Hitze hatten keinerlei Gegenspieler gehabt.

Nach alter Regel also ein ausgezeichnetes Weinjahr. Und folglich ein beschissenes Jahr für Pilze und Trüffel. Carlin dachte an die glückstrahlenden Gesichter der Leute, die gerade eine Traubenernte eingebracht hatten, aus der mit der Zeit etwas Großes werden würde. Er dachte daran, wie sie sich die Hände rieben und nur darauf warteten, ihre Etiketten auf Flaschen kleben zu können, die Restauranttische in Italien, Amerika, Russland und Japan bereichern würden.

Ärgerlich war nur, dass auf diesen Tischen keine seiner Trüffeln zu finden sein würden, zumindest nicht in diesem Jahr. Aus persönlichem Ehrgeiz wurmte ihn das und weniger aus finanziellen Gründen, die natürlich auch eine Rolle spielten.

Der Beruf des *Trifulau*, wie die Trüffelsucher in dieser Region hießen, war mit der Zeit eine einträgliche Ergänzung zu seiner Arbeit als KFZ-Mechaniker geworden. All die Jahre hatte er in der Werkstatt Batterien ausgetauscht, durchgebrannte Glühbirnen ersetzt und Elektroteile repariert. Jeden Tag von acht Uhr morgens bis sieben Uhr abends, im Winter, Frühling, Sommer …

Aber im Herbst, wenn Saison war, nahm er jeden Abend das Auto und Tabuj, seinen Hund, und machte sich auf den Weg. Er fuhr zu den Stellen, die nur er kannte, geheime, einsame Stellen, wie sie jeder Trüffelsucher, der etwas auf sich hält, auf seiner persönlichen Karte eingezeichnet hat und nur im Schutz der Dunkelheit aufsucht, um keine Signalflagge auf einem öffentlichen Gebiet zu hissen, das er zu seinem Privatgebrauch nutzt.

Carlin lächelte.

Im Fernsehen hatte er von einem König gehört, er wusste nicht mehr, welcher es war, der gesagt hatte, dass in seinem Reich die Sonne nie unterging. In seinem kleinen saisonalen Reich dagegen ging die Sonne nie auf.

Auf einmal ließ der Hund, der irgendwo vor ihm lief, ein unterdrücktes Winseln vernehmen. Das war das Zeichen. Eine Art Code, der sich irgendwann herausgebildet hatte und mit dem Tabuj ihm bedeutete, dass etwas sein Interesse geweckt hatte. Carlin knipste seine Hoffnung zusammen mit der Taschenlampe an und richtete beides auf die Seite, von der der Laut des Hundes gekommen war. Er sah ihn am Boden schnüffeln und mit den Vorderpfoten ein Scharren andeuten. Als er die Stelle erreichte, drehte Tabuj schon ungeduldig den Kopf nach ihm um. Sein Körper schien wie elektrisiert, während Carlin sich bückte, ihn sanft beiseiteschob und vorsichtig an der bezeichneten Stelle zu graben begann.

Bald merkte er, dass die Witterung des Tieres sich auch diesmal nicht getäuscht hatte. Behutsam förderte er eine Trüffel zutage, legte sie in seine hohle Hand, die mit der Zeit fast so präzise wie eine Waage geworden war, und schätzte sie auf ungefähr fünfzig Gramm.

Gar nicht schlecht.

In Anbetracht des mageren Jahres ein schönes Stück, das am Ende seines Wegs einen Kilopreis von bis zu siebentausend Euro erzielen würde. Er wickelte die Trüffel in ein Stück von dem Papier, das er immer bei sich trug, und legte sie in die umgehängte Stofftasche. Tabuj sah ihn unverwandt an und wedelte sachte mit dem Schwanz. Er stieß ein neues Winseln aus, das diesmal etwas anderes bedeutete.

»Schon gut, schon gut, ich hab verstanden.«

Carlin steckte die Hand in die Jackentasche, worauf der Rhythmus des Schwanzes schneller wurde. Ungeduldig richtete der Hund sich auf den Hinterbeinen auf. Jedes Mal, wenn Tabuj seine Pflicht getan hatte, belohnte er ihn mit einem leckeren Stück rohem Fleisch. Er holte den Bissen heraus und hielt ihn ihm hin, worauf der Hund ihn vorsichtig zwischen die Zähne nahm und ohne Hast kaute. Carlin streichelte ihm den Kopf. Ein Trüffelhund konnte ein kleines Vermögen wert sein, und wenn er so gut war wie seiner, bedeutete dies eine beträchtliche Steigerung des Privatvermögens.

Dessen ungeachtet würde Carlin sich nie von seinem Partner trennen, diesem mittelgroßen Mischling, mit dem er schon ein hübsches Sümmchen verdient hatte. Auch hierbei ging es nicht nur um wirtschaftliche Erwägungen. Er hatte ihn selbst ausgebildet, mit viel Geduld, Tag für Tag, bis er so weit war wie jetzt. Sie waren zusammen alt geworden und würden zusammenbleiben, selbst wenn dieses Fellbündel irgendwann seine gute Nase verlieren und nicht mehr in der Lage sein sollte, sich sein Fresschen zu verdienen.

Der Mensch lebt nicht vom Brot allein, hieß es, und schon gar nicht von Trüffeln allein …

Seufzend schaltete er die Taschenlampe aus und ließ den Hund wieder nach Belieben herumlaufen. Er selbst wartete, bis seine Augen sich an das Licht des Mondviertels dieser Nacht gewöhnt hatten. Er hob den Kopf zum Himmel und betrachtete die leuchtende Sichel, eine der vielen seines Lebens. Mit all diesen Viertel- und Neumonden war die Zeit vergangen, ohne dass er es so recht bemerkt hatte.

Jetzt war er, wie er zu sagen pflegte, kein Knabe mehr, *l'era pú nen in fanciot.* Der Zeitpunkt rückte näher, an dem er seine kleine Werkstatt seinem Sohn übergeben würde. Der war ein guter Junge und hatte den Beruf von der Pike auf gelernt. Nun würde er bald auf eigenen Füßen stehen müssen.

Carlin hatte sich eine anständige Rente zusammengespart und noch etwas zurückgelegt, das ihn und seine Frau vor allen Unannehmlichkeiten bewahren sollte. Das Haus, in dem sie wohnten, gehörte ihnen, und er besaß außerdem zwei verpachtete Läden, die ein zusätzliches Einkommen sicherten. Seine saisonale Nachtarbeit, die Suche nach dem, was manche das weiße Gold nannten, würde ihm noch viele Nächte des Zeitvertreibs und des Nebenverdienstes eintragen, besonders jetzt, da seine Frau immer besser schlief und er immer weniger.

Er betrat einen schmalen Weg und ging auf ein Stück Macchia zu, das vom Laubwerk einer Baumgruppe überdacht wurde. Als er dort ankam, musste er die Taschenlampe einschalten, um den Pfad zu erkennen, den er nehmen wollte. Etwas Glänzendes rechts von ihm erweckte seine Neugier. Er richtete die Lampe darauf, und in dem Lichtkegel erschien, halb zwischen Zweigen versteckt, ein Auto. Das Licht wurde von der Heckscheibe reflektiert. Carlin beeilte sich, seine Lampe zu löschen. Es war ein amarantroter Kleinwagen in ziemlich schlechtem Zustand, und dass er in dieser Gegend stand, konnte nur eines bedeuten: Mit Sicherheit gehörte er keinem anderen *Trifulau.* Ein Kollege hätte wohl kaum hier geparkt, sondern – wie auch er selbst es zu tun pflegte – sein Fahrzeug weit weg abgestellt, an einer Ausweichbucht der Straße, um seine Anwesenheit durch nichts zu verraten. Wahrscheinlich war es ein Liebespärchen, das ungestört sein wollte und eine traute Zweisamkeit suchte, die nur die Dunkelheit und die beschlagenen Scheiben eines Autos ermöglichten, wenn man sich den Luxus eines Motels nicht leisten konnte.

Er ging weiter und versuchte aus einer Reihe von triftigen Gründen, kein Geräusch zu verursachen. Erstens wollte er nicht für einen Spanner gehalten werden. Ein mit ihm befreundeter Trüffelsucher hatte sich einmal in einer ähnlichen Situation einem riesigen Kerl gegenübergesehen, der ihn mit einem Voyeur verwechselt und ihm ordentlich eins übergebraten hatte. Alle übrigen Gründe erschienen zweitrangig gegenüber der Vorstellung, mit einem blauen Auge nach Hause zu kommen.

In diesem Moment begann Tabuj irgendwo links von ihm heftig zu bellen.

Seltsam.

Die Gewöhnung hatte bei der Trüffelsuche einen leisen Hund aus ihm gemacht. Auf ihm unerklärliche Weise spürte Tabuj, dass es besser war, keine Aufmerksamkeit auf sich zu ziehen. Der einzige Laut, den er sich gestattete, war dieses gedämpfte, komische Winseln, wenn er tief im Erdreich eine

Trüffel witterte. An den Wildtieren, denen sie manchmal auf ihren nächtlichen Streifzügen begegneten, zeigte er sich mittlerweile vollkommen desinteressiert. Der Jagdinstinkt gehörte nicht zu seinen hervorragendsten Eigenschaften.

Carlin ging in die Richtung, aus der das Bellen kam, wobei er die Taschenlampe immer wieder kurz anknipste, um Lichtblitze in die Dunkelheit zu schicken, damit er nicht in irgendein Loch stolperte.

»Pst. Ruhig!«

Halblaut rief er den Befehl in die Richtung, aus der das Gekläffe kam, doch Tabuj fuhr unbeirrt mit seinem Gebell fort. Als Carlin den Hund erreichte, sah er ihn unter einem Baum, wo er sich bellend um sich selbst drehte. Diesen Tanz unterbrach er nur dann und wann, um sich auf den Hinterläufen aufzurichten, die Schnauze nach oben gereckt, als sollte ihm diese kleine akrobatische Übung dabei helfen, seine Nervosität auf etwas zu lenken, das sich über ihm befand.

Carlin leuchtete mit der Taschenlampe nach oben und fiel beinahe in Ohnmacht. Er stützte sich am nächsten Baumstamm ab und merkte, wie seine Beine nachgaben, als hätten sie keine Knochen mehr. Eine säuerliche Flüssigkeit stieg in ihm auf, die ihm seinen Mund verklebte und verpestete. Mit

Mühe hielt er das zurück, was von seinem Abendessen übrig war und an den Magenwänden wieder hinaufdrängte.

Vor ihm, eingerahmt vom Licht des Mondes und seiner Lampe, die zwischen den belaubten Zweigen um Platz miteinander rangen, hing an einem um einen dicken Ast geknoteten Strick ein Mann.

4.

Dort, wo bis vor kurzem noch Dunkelheit geherrscht hatte, flammte nun ein Lichtermeer. Die eingetroffene Polizeieinheit hatte Scheinwerfer aufgestellt, die die Szene taghell erleuchteten. Commissario Marco Capuzzo zündete sich eine Zigarette an. Er begnügte sich damit, am Rand zu bleiben und das zugleich stille und betriebsame Schauspiel zu beobachten, das gewöhnlich den Schauplatz eines gewaltsamen Todes belebte.

Im Moment war es noch zu früh, ihn als Tatort zu bezeichnen.

Vor seinen Augen beendeten die Männer von der Spurensicherung ihre Arbeit und begannen damit, die Leiche vom Ast zu nehmen, flinke Schatten vor dem starken Gegenlicht der Reflektoren. Von seinem Standort aus konnte der Commissario das Gesicht des Toten sehen, das aufgedunsen war und aus dessen offenem Mund ein Stück Zunge heraushing.

Der Commissario wandte sich an Lombardo, seinen direkten Mitarbeiter, der neben ihm stand und ebenfalls wartete.

»Wer hat ihn gefunden?«

Lombardo deutete vage mit dem Kopf nach rechts.

»Ein *Trifolao*.«

Der Commissario musste grinsen. Lombardo stammte, anders als sein Name suggerierte, aus dem Süden und stand nach all seinen Jahren im Norden immer noch auf Kriegsfuß mit den Piemonteser Dialektausdrücken. Nicht dass das wichtig gewesen wäre, aber hin und wieder hatte Lombardo schon ein paar sehr lustige phonetische Interpretationen von sich gegeben.

»Er war mit dem Hund unterwegs und hat ihn hier gefunden, so, wie er da hing. Er hat uns sofort per Handy verständigt. Scheint ein anständiger Mensch zu sein und hat sich fast in die Hosen gemacht bei dem Anblick. Bussi befragt ihn gerade.«

Capuzzo zeigte auf die Leiche, die auf eine Bahre gelegt worden war.

»Weiß man schon, wer es ist?«

»Wir haben ihn noch nicht durchsucht. Wir mussten warten, bis die Spurensicherung fertig ist, um den Tatort nicht zu kontaminieren.«

Capuzzo grinste erneut, diesmal leicht verächtlich. Das war der Jargon aus CSI. Der Kollege Lombardo sah zu viel fern. Dennoch musste er zugeben, dass man aus einer Fernsehserie manchmal mehr lernen konnte als auf der Polizeischule.

Er drückte seine halbgerauchte Zigarette aus und steckte den Stummel in das leere Päckchen zurück.

Um den Tatort nicht zu kontaminieren ...

Er seufzte.

»Sehen wir mal nach, wer der arme Kerl ist.«

Capuzzo zog ein Paar Latexhandschuhe über, und als er sich über die Leiche beugte, glaubte er, das Gesicht dieses leblos auf einer gespannten Stoffbahn liegenden Mannes schon einmal gesehen zu haben. Der Tod hatte seine Züge ein wenig verändert, aber nicht genug, um keine Erinnerungen zu wecken.

Er durchsuchte die Taschen des Lederblousons, einschließlich der Innentasche.

Nichts.

»Dreht ihn auf die Seite.«

Endlich fand er, was er suchte: eine Brieftasche aus minderwertigem Leder, die schwer aus der

Tasche der zerschlissenen Jeans herauszuziehen war. Darin befanden sich lediglich zwei Zehn-Euro-Scheine und ein zerknitterter Führerschein. Commissario Capuzzo klappte den Ausweis auf und hielt ihn in das Licht des Scheinwerfers hinter ihm.

»Lucio Bertolino«, sagte er halblaut und mit fragendem Unterton.

Dieser Name und die zerknautschte Visage auf dem Foto sagten ihm etwas. Etwas, das mit seiner Arbeit zu tun hatte. Er erinnerte sich nicht genau, aber falls der Mann vorbestraft war, würde es nicht schwer sein herauszufinden, weshalb und warum.

Er wollte sich gerade wieder aufrichten, als eine Einzelheit ihn stutzig machte. Der Hemdkragen des Toten war im Nacken mit Blut befleckt. Er betastete die Haare und zog seine Hand rot gestreift zurück. Dann untersuchte er die Leiche genauer und entdeckte einen Riss in der Kopfhaut, der von einem Schlag mit einem stumpfen Gegenstand herzurühren schien. Er sah nach oben, um den Ast in Augenschein zu nehmen, an dem der Tote gehangen hatte. Schwer vorstellbar, dass er sich die Wunde selbst zugefügt hatte. Er hatte zu weit weg vom Stamm gebaumelt, und der Strick war zu kurz, als dass man hätte annehmen können, er wäre gegen einen anderen Ast oder den Baumstamm geschlagen.

Capuzzo stand auf, zog die Handschuhe aus und zündete sich den aufgehobenen Zigarettenstummel aus der Packung an.

Er inhalierte tief und stand einen Moment gedankenverloren da. Wenn es stimmte, dass jeder Polizist einen animalischen Instinkt besaß, hatte seiner gerade die Nase im Wind und witterte Scherereien.

Lombardo, der bei der Untersuchung der Leiche kein Wort gesagt hatte, riss ihn aus seinen Grübeleien.

»Weiter dort hinten steht ein alter Polo. Vermutlich das Auto, mit dem er hierhergekommen ist. Wir haben es noch nicht inspiziert, weil wir auf Sie warten wollten.«

Der Commissario nickte zufrieden. »Sehr gut. Schauen wir uns den Wagen mal an. Danach sprechen wir mit der Spurensicherung, um zu hören, was sie gefunden haben. Fußabdrücke und so weiter.«

Während sie auf das Auto zugingen, erlaubte Lombardo sich eine Meinung, vielleicht ermutigt vom Schweigen des Commissario.

»Ist schon komisch, dass einer von Asti extra hier herauffährt, um Selbstmord zu begehen.«

Capuzzo schien einen Augenblick zu überlegen, als wäre er unschlüssig, ob er sich durch ein verfrühtes Urteil eine Blöße geben sollte.

»Ich bin nicht sicher, ob dieser arme Teufel wirklich so große Lust hatte zu sterben …«

Er ließ den Satz unbeendet in der Luft hängen, damit Lombardo sich sein Teil dazu denken konnte.

Der Kollege drehte sich zu ihm um, einen verblüfften Ausdruck auf dem dunklen Gesicht. Er kannte den Commissario lange genug, um zu wissen, dass er sich nicht leicht zu gewagten Behauptungen hinreißen ließ.

»Was wollen Sie damit sagen?«

Der Commissario sah ihn mit einem ironischen Lächeln an.

»Meiner Ansicht nach war jemand bei ihm, der, wenn Sie mir den Ausdruck gestatten, Selbstmord an ihm begangen hat.«

5.

In der Abgeschlossenheit seines Büros besprach Commissario Capuzzo mit dem Polizeipräsidenten Vanni und Bertone, dem Leiter der Spurensicherung, das zusammengefasste Ergebnis der

Analysen. Bertone, ein junger, untersetzter Mann, dem die beginnende Kahlköpfigkeit ein reiferes Aussehen verlieh, legte gerade dar, was bei den Ermittlungen herausgekommen war.

»Nach unseren ersten Einschätzungen lassen die Fußspuren auf dem Boden nur die Anwesenheit einer einzigen Person erkennen. Der Untergrund war ziemlich weich, und aus der vorläufigen Untersuchung geht hervor, dass es die Abdrücke von den Schuhen des Toten sind. Sie beginnen am Auto und führen bis zu dem Baum. Es gibt keine Abdrücke in der Gegenrichtung, außer denen, die von dem Hund stammen und von dem Mann, der die Leiche gefunden hat.«

»Sonst keinerlei Spuren?«

»Nichts.«

Der Polizeipräsident strich sich über den graumelierten Schnurrbart. Er warf einen leicht verlegenen Blick auf Capuzzo, der mit verschränkten Armen und gleichmütigem Gesichtsausdruck an seinem Schreibtisch lehnte.

Weil er sich beobachtet fühlte, drehte der Commissario sich um und ging zum Fenster. Dort verfolgte er schweigend den um diese Zeit spärlichen Verkehr auf dem Corso xxv° Aprile.

Der Polizeipräsident setzte seinen Informationsaustausch mit Bertone fort.

»Sie sagen also, dass die Suizid-Hypothese die wahrscheinlichste ist.«

Bertone wollte jedoch nicht die Verantwortung für eine Stellungnahme übernehmen, die seine Kompetenz überschritt.

»Ich sage gar nichts. Ich berichte einfach, was wir am Ort des …«

Er unterbrach sich, um nicht »des Verbrechens« zu sagen, was per se schon eine Meinungsäußerung gewesen wäre.

»… um die Leiche herum gefunden haben«, schloss er ausweichend.

»Und die Wunde am Kopf?«

»Für eine präzise Auskunft müssen Sie mit dem Gerichtsmediziner sprechen. Die Autopsie wird sicherlich vieles klären. Was uns betrifft, so haben wir auf der Strecke Hinweise gefunden, die auf Ausrutschen hindeuten, sowie Blutspuren und Haare auf einem Stein. Vermutlich ist der Tote gefallen und hat sich den Kopf aufgeschlagen, als er zu dem Baum ging, an dem er sich erhängt hat.«

»Damit scheint alles einigermaßen klar zu sein. Die einfachste und folglich auch die wahrscheinlichste Erklärung ist Selbstmord.«

Gewöhnlich traf diese Schlussfolgerung, auf einen gewaltsamen Tod angewandt, zu einem enorm hohen Prozentsatz zu.

Der Commissario wandte sich um und ließ zum ersten Mal, seit Bertone sein Büro betreten hatte, seine Stimme hören.

»Haben Sie nachgemessen, wie tief die Fußspuren auf dem Boden waren?«

Bertone sah den Polizeipräsidenten hilflos an, fast als suchte er dessen Beistand gegen einen ungerechten Vorwurf. Dann richtete er einen leicht befremdeten Blick auf Capuzzo.

»Entschuldigung, wie meinen Sie das?«

Es lag auf der Hand, dass er nicht begriff, worauf der Commissario hinauswollte, und vorsichtshalber eine Verteidigungshaltung einnahm. Capuzzo löste sich vom Fenster und ging auf seinen Gesprächspartner zu.

»Ich habe Sie nur gefragt, wie tief die Abdrücke der Schuhe des Toten auf dem Erdboden waren.«

»Nun, das kann ich Ihnen nicht sagen. Aber ich sehe nicht, was das …«

Capuzzo schnitt ihm mit einer Geste das Wort ab.

»Ich frage das aus einem bestimmten Grund. Wenn diese Kopfwunde nicht wäre, wäre wirklich alles ziemlich eindeutig. Aber dieses Detail lässt mir keine Ruhe, trotz der Anzeichen für ein Ausrutschen und des blutbefleckten Steins und alledem. Das erscheint mir irgendwie zu einfach.«

Er machte eine Pause und fügte dann wie zu sich selbst hinzu: »Zu einfach …«

Jetzt sahen ihn sowohl der Präsident als auch Bertone stumm an und versuchten zu verstehen, was im Kopf dieses Mannes vorging, der im Zimmer auf und ab lief und sprach, als wären sie nicht mehr da.

»Stellen wir eine Hypothese auf, eine etwas phantasievolle, wenn Sie so wollen. Phantasievoll, aber nicht abwegig. Stellen wir uns vor, dass der Erhängte mit jemand anderem dort im Wald ankommt, der offensichtlich auf dem Beifahrersitz gesessen hat. Oder auch auf dem Rücksitz, das ist egal. Sobald sie angehalten haben, schlägt dieser hypothetische Beifahrer Bertolino mit einem mitgebrachten Stein nieder, und als der bewusstlos ist, zieht er ihm die Schuhe aus und zieht sie sich selbst an. Er legt ihm einen Strick um den Hals, lädt ihn sich auf den Rücken und schleppt ihn bis zu dem Baum, an dem er ihn ohne größere Schwierigkeiten aufhängt. Bertolino war von eher schmächtiger Statur, und für einen kräftigen Mann wäre das keineswegs undurchführbar. Dann geht der Typ rückwärts in den Fußspuren wieder zum Auto und holt dort zwei Stück Pappkarton oder etwas Ähnliches. Die legt er auf den Boden und kann sich so nach Belieben bewegen, ohne Abdrücke zu hinterlassen.

Er inszeniert die Geschichte mit dem Ausrutscher und platziert den Stein, mit dem er sein Opfer bewusstlos geschlagen hat, auf dem Boden. In gleicher Manier geht er noch einmal zu dem Baum und zieht dem Toten die Schuhe wieder an. Und genauso entfernt er sich, und er hinterlässt keine Spur.«

Capuzzo hob endlich den Blick zu seinem Publikum, als erinnerte er sich erst jetzt daran, dass er eines hatte. Er überraschte Bertone, der ihn mit entgeisterter Miene ansah.

»Meinen Sie, das wäre möglich?«, fragte er.

»Na ja, theoretisch schon. Aber …«

Der Commissario unterbrach ihn erneut. Ruhig und ohne autoritäres Gehabe, aber unbeirrbar, was seine Meinung betraf.

»Gut. Wenn es möglich ist, möchte ich Sie bitten, nachzuprüfen, ob die Tiefe der Abdrücke von den Schuhen des Opfers einem Mann seines Körpergewichts entspricht oder ob wir hingegen annehmen können, dass sie von einem Mann stammen, der einen anderen auf dem Rücken trug. Ist das zu viel verlangt?«

Für einen Augenblick zeichnete sich auf dem Gesicht des armen Bertone ein Ausdruck ab, als stünde er am Sonntag nach der Mittagsmesse plötzlich nackt am Kirchenausgang. Dann entschied er sich dafür, diesen Ausdruck durch die leichte Herablassung eines Menschen zu ersetzen, dem bewusst ist, dass er mit einem Verrückten spricht.

»Gut. Wir werden das überprüfen.«

Ohne weiter abzuwarten, verabschiedete sich der Leiter der Spurensicherung und verließ das Büro. Ihm war klar, dass in diesem Raum gerade jemand als Dummkopf dagestanden hatte, und er wollte nicht dabei sein, wenn klarwurde, wer.

Kaum hatte sich die Tür hinter ihm geschlossen, hing dieses Intervall aus Stille in der Luft, das bedeutsamen Momenten stets vorausgeht. Dann sah der Polizeipräsident Arnaldo Vanni dem Commissario Marco Capuzzo fest in die Augen.

»Während ich Ihnen zuhörte, ist mir ein Gedanke gekommen.«

Capuzzo wartete auf das, was folgen würde.

»Ich habe den Verdacht, dass Sie für den Posten, den Sie derzeit innehaben, nicht geeignet sind.«

Capuzzo schwieg weiter und legte allenfalls einen Hauch von Interesse in seinen Blick.

Der Präsident fuhr unbeirrt fort.

»Wenn das Szenario, das Sie da gerade entworfen haben, der Wahrheit entspricht, ist es nicht gerecht, dass Sie nur ein einfacher Commissario sind. Dann verdienen Sie etwas Besseres. Aber selbst wenn es sich um ein reines Produkt Ihrer Phantasie handeln sollte, wäre die Rolle des Commissario unpassend für Sie …«

Arnaldo Vanni, Polizeipräsident von Asti, legte eine Kunstpause ein. Er war ein Mann von Welt und wusste, wie man seine Zuhörer bei der Stange hielt.

»Sie könnten all die Bestätigung, die Sie verdienen, als Drehbuchautor bekommen.«

Capuzzo blieb es erspart, sich eine passende Erwiderung auszudenken. Jemand klopfte an die Tür, und gleich darauf trat Lombardo ein. Die Anwesenheit des Polizeipräsidenten überraschte ihn. Er blieb neben der offenen Tür stehen, eine gelbe Mappe in der Hand.

»Entschuldigen Sie, ich wusste nicht …«

»Schon gut, Lombardo. Was gibt's?«

»Ich habe hier den Aktenauszug von diesem Lucio Bertolino. Er hat einige Vorstrafen.«

Capuzzo winkte den Beamten herbei.

»Zeig her.«

Lombardo durchquerte das Zimmer und gab dem Commissario die Mappe. Capuzzo schlug sie auf und überflog den Inhalt. Dann zog er ein Blatt heraus, das er gründlicher las.

»Deshalb kam er mir so bekannt vor.«

»Was meinen Sie?«

Capuzzo hob den Blick zum Präsidenten. Er sah

ihn an, aber man merkte, dass er mit den Gedanken schon woanders war.

»Ich meine, dass es außer der Sache mit den Abdrücken noch eine andere Auffälligkeit im Zusammenhang mit Bertolino gibt.«

Ob beabsichtigt oder nicht, seine Pause war wesentlich wirkungsvoller als die des Präsidenten zuvor.

»Sie bezieht sich nicht darauf, wie er gestorben ist, sondern wo.«

6.

Dottor Mario Savelli betrachtete von der Balkontür aus die kleine Piazza vor seinem Haus. Die Piazza Medici war gewiss einer der schönsten Plätze in der Altstadt von Asti. Alle Häuser rundherum stammten aus derselben Epoche und waren originalgetreu renoviert worden, um den einheitlichen Eindruck zu erhalten. Nichts war fehl am Platze. Rechts von ihm stand ein Turm aus roten Ziegelsteinen, der zwischen dem zwölften und dem vierzehnten Jahrhundert erbaut worden war und dem Gesamtbild etwas Bedeutsames verlieh. Es hatte eine Zeit gegeben, in der er mit seiner Frau und seinem Sohn auf diesen Balkon getreten war und sie gemeinsam dieses kleine Panorama inmitten von Mauern genossen hatten, die oben von den Dächern der Stadt begrenzt wurden.

Dann war seine Frau vom Krebs dahingerafft worden, und sein Sohn …

Er wandte sich von der Fenstertür des Zimmers ab, das Bibliothek und Fernsehzimmer zugleich war, und ging in den angrenzenden Raum, einen sehr viel größeren Salon, in dem ein glänzender schwarzer Steinway-Flügel der absolute Mittelpunkt war. Er schob den Hocker zurück und setzte sich. Einen Augenblick wartete er, ehe er den Deckel aufklappte, der die Tasten wie ein Schrein umschloss. Savelli gefiel dieses Bild. Das Elfenbein und das Schwarz als Juwelen, aus denen, wenn man über die entsprechende Begabung und Ausbildung verfügte, dieses große Geschenk an die Menschheit, die Musik, entsprang.

In jungen Jahren hatte er in einer Band gespielt, einer Combo, wie man damals sagte. Dann aber hatte er ohne Bedauern die Musikerlaufbahn für die sicherere eines Bankkaufmanns aufgegeben. Er wusste, dass er nicht das nötige Talent hatte, um mehr als ein Lokalmatador zu werden. Doch seine Leidenschaft war geblieben und wurde nicht durch enttäuschte Hoffnungen getrübt. Als es ihm möglich war, hatte er sich diesen Flügel als Huldigung an eine nie eingeschlagene Karriere gekauft, und er spielte für die, die Lust hatten, ihm zuzuhören, oder auch nur für sich selbst.

So wie jetzt.

Er spielte eine ansteigende Tonleiter, wie um zu prüfen, ob das Klavier gestimmt war. Dann breitete er die Partitur von *Rhapsody in Blue* auf dem Notenständer vor sich aus. Er hatte kaum die Hände auf die Tasten gelegt, als er die Türklingel hörte.

Seiner Haushälterin zuvorkommend, ging er hin, um zu öffnen. Noch ein Klingeln. Ein banales, normales, alltägliches Geräusch. Doch als er im Rechteck der Tür die athletische Gestalt von Commissario Capuzzo sah, begriff er schlagartig, dass dies kein Tag wie jeder andere war.

»Guten Tag, Dottor Savelli.«

»Guten Tag, Commissario.«

Zwischen ihnen herrschte das Schweigen ungesagter Worte, verborgen unter dem Lärm derer, die sie damals zu sagen gezwungen waren.

»Ich müsste kurz mit Ihnen reden. Darf ich reinkommen?«

»Natürlich.«

Savelli trat beiseite. Der Commissario ging hinein und sah sich um. Die Wohnung war, wie er sie von dem einen Mal, als er sie unter äußerst schmerzlichen Umständen besuchte, in Erinnerung hatte. Schön, solide, hell. Die Einrichtung von einer warmen Ausstrahlung, die nur Wohlstand und guter Geschmack vereint mit Liebe erzielen können. Er zog seine dicke Jacke aus, und Savelli hängte sie an die Garderobe neben der Wohnungstür. Anschließend folgte Capuzzo dem Hausherrn zu dem Wohnzimmer, in dem er zu einer Zeit, die beide gern vergessen hätten, schon einmal gewesen war. Savelli setzte sich in einen Ledersessel, der mit dem Rücken zum Fenster stand, und deutete auf den zweiten gegenüber.

»Bitte, nehmen Sie Platz.«

Der Commissario setzte sich und hielt es nicht für angebracht, sich mit höflichen Vorreden aufzuhalten. Er wusste, was für einen Menschen er vor sich hatte und dass so etwas nicht nötig war.

»Lucio Bertolino ist tot.«

Unwillkürlich sprach er die Worte lauter und deutlicher aus als üblich. Und achtete mehr, als er erkennen lassen wollte, auf die Reaktion des anderen.

Savelli blieb ungerührt. Als wäre diese Nachricht nicht erst ein paar Stunden oder Tage alt, sondern Jahre.

»Ich weiß. Ich habe es in den Nachrichten gehört.«

Er hielt kurz inne, schien zu schwanken, ob er

noch etwas hinzufügen sollte oder nicht. Dann entschied er, dass die Antwort auf seine innere Frage ja lautete.

»Ich kann nicht behaupten, dass es mir leidtut.«

Der Commissario schwieg. Auch wenn der Dottore seine Haltung nicht kundgetan hätte, hätte er nichts anderes vermutet.

»Wie ist er gestorben?«

»Ein Trüffelsucher hat ihn erhängt an einem Baum gefunden.«

»Selbstmord?«

»Es scheint so. Wir sind noch nicht ganz sicher.«

Capuzzo ließ Savelli Zeit, seine Betrachtungen anzustellen. Nach Gefallen und Belieben den Schluss zu ziehen, dass so oder so Gerechtigkeit gewaltet hatte, egal ob menschlicher oder göttlicher Natur.

»Hat er gelitten?«

»Das weiß ich nicht.«

»Wenn er nicht gelitten hat, tut es mir leid. Und wenn er gelitten hat, tut es mir leid, dass er nicht noch mehr gelitten hat.«

Capuzzo ließ diesen unbarmherzigen Nachruf im Nichts verhallen. Er hatte schon andere gehört in seinen langen Berufsjahren. Es waren die Äußerungen von Menschen, deren Schmerz die Zeit nie geheilt hatte, Opfer ihrer Erinnerung genauso wie der Gewalt und der Umstände.

Er wechselte den Ton und das Thema.

»Ich hielt es für unangemessen, Sie ins Präsidium vorzuladen, aber irgendwo musste dieses Gespräch zwischen uns beiden stattfinden. Ich denke, Sie verstehen mich.«

Mario Savelli nickte kaum merklich. Und fügte überflüssigerweise hinzu: »Natürlich verstehe ich Sie.«

»Dann macht es Ihnen wohl nichts aus, mir zu sagen, wo Sie gestern Abend waren, so zwischen neun und Mitternacht.«

»Nein, das macht mir allerdings nichts aus. Möchten Sie einen Kaffee?«

Der Commissario fasste die Frage nicht als Ablenkungsmanöver auf, als frivole Unterbrechung, um den Moment der Antwort hinauszuschieben. Er fasste sie als die Erfüllung eines unausgesprochenen kleinen Wunsches auf. Er hatte wirklich Lust auf einen Kaffee.

»Gern.«

Eine Philippinerin erschien in der Tür, wie herbeigerufen von dem Wort »Kaffee«.

»Ghita, machen Sie uns bitte zwei Espressi?«

In stillem Einverständnis schwiegen sie, jeder in seine Gedanken versunken, bis die Haushälterin mit einem Tablett und zwei Espressotässchen zurückkam. Sie stellte es vor ihnen ab und glitt lautlos auf ihren Stoffpantoffeln davon.

Als der Commissario seine Tasse zum Mund führte, antwortete Dottor Savelli endlich.

»Mein Tag gestern war ausgesprochen unspektakulär. Ich bin am späten Nachmittag mit dem Zug aus Turin gekommen. Oder sagen wir, eher gegen Abend. Seit unserer letzten Begegnung hat sich ein bisschen was verändert. Ich habe jetzt eine leitende Position in meiner Bank inne, wie es so schön heißt, und arbeite in Turin.«

Capuzzo verstand, dass keine Eitelkeit in seinen Worten lag. Nur eine Spur bitterer Selbstironie, um das Unbehagen eines Mannes zu kaschieren, der glaubt, alles verloren zu haben, für das es sich zu leben lohnt. Und der sich in die Arbeit stürzt, um sich die Illusion zu verschaffen, noch ein Ziel zu haben.

»Ich wollte nicht umziehen und pendele lieber. Mein Privatleben, meine Freunde, alles, woran ich hänge, ist hier.«

Er sagte nicht: »Meine Frau und mein Sohn sind hier begraben«, aber der Commissario meinte, diese Worte mitschwingen zu hören. Savelli fuhr ruhig mit seinem Bericht fort, der, wie sie beide wussten, nichts anderes war als die Angabe eines Alibis.

»Ich bin nach Hause gegangen, habe geduscht und dann eine halbe Stunde Klavier gespielt, wie ich es jeden Abend tue.«

Savelli deutete mit der Hand auf das Instrument, das durch die Verbindungstür zu sehen war. Der Commissario erinnerte sich, es schon bei seinem vorigen Besuch bemerkt zu haben. Die Musik musste diesem Mann sehr am Herzen liegen, war einst vielleicht lebendiger Mittelpunkt der Familie gewesen und heute eine stete Zuflucht vor der Einsamkeit.

»Um halb neun bin ich weggegangen und war von Viertel vor neun bis Mitternacht auf einer Sitzung des Komitees für den Palio di San Silvestro. Als wir fertig waren, sind wir auf eine Pizza ins *Francese* gegangen. Es ist spät geworden, weil wir irgendwann dazu übergegangen sind, einen Wein zu probieren, den der Wirt uns angeboten hat, und um ehrlich zu sein, war ich ein wenig angeheitert, als ich nach Hause kam. Aber nicht so sehr, um nicht mehr zu wissen, ob ich Lucio Bertolino umgebracht habe.«

Savelli nahm sich nun die Zeit, seinen Kaffee zu trinken. Sein abschließender Kommentar kam, kurz bevor er die Tasse an die Lippen setzte.

»Auch wenn ich es liebend gern getan hätte.«

Capuzzo wusste, dass Mario Savelli ein einsamer Mann war. Jetzt, da auf die eine oder andere Art Gerechtigkeit geschehen war, würde er es vielleicht noch mehr sein.

»Commissario, ich verstehe Sie. Ich verstehe, warum Sie zu mir gekommen sind, meine ich. Ich hatte wahrlich ein Motiv, diesen Schurken nicht nur einmal, sondern hundertmal an einem Baum aufzuhängen.«

Er machte eine Pause, gerade so lange, um die dunklen Wolken vorbeiziehen zu lassen. Wahrscheinlich hatte er dergleichen in seiner Vorstellung schon öfter geplant.

Savelli gab sich einen Ruck und stellte seine Tasse mit leichtem Klappern auf dem Tablett ab. Er ließ sich gegen die Sessellehne sinken und sah dem Polizisten in die Augen, mit dem er nun schon wie mit einem Freund sprach.

»Sehen Sie, Dottor Capuzzo, ich bin immer ein Verteidiger liberaler rechtsstaatlicher Prinzipien gewesen, ein Befürworter der Maxime, dass lieber ein Schuldiger in Freiheit bleiben als ein Unschuldiger im Gefängnis sitzen soll. Doch mittlerweile ist das zu einem absurden Theater geworden. Alle sind so darum besorgt, Kain nur ja kein Haar zu krümmen, dass sie etwas Wichtiges vergessen.«

Eine neue Pause. Kalt wie ein Grabstein.

»Die Gerechtigkeit für Abel.«

Der Commissario sah einen Moment auf seine Hände, bevor er antwortete.

»In dem Zusammenhang gibt es eine Besonderheit, die in den Nachrichten vielleicht nicht erwähnt wurde. Ich weiß nicht, ob es sich um einen Zufall handelt, aber Lucio Bertolino wurde nur wenige hundert Meter von der Kurve entfernt aufgefunden, in der vor vier Jahren Ihr Sohn gestorben ist.«

Capuzzo sollte sich nie ganz sicher sein, aber er hatte kurz den Eindruck, in den Augen des anderen ein Lächeln aufblitzen zu sehen.

7.

Der Commissario fand sich ein wenig verwirrt auf der Piazza Medici wieder. Es war die Verwirrung eines Polizisten, der einer flüchtigen Ahnung hinterherjagt.

Am Vorabend, als er sich noch einmal Lucio Bertolinos Akte angesehen hatte, war ihm jene alte Geschichte ins Auge gefallen, die ihn zu dem Gespräch eben veranlasst hatte. Bertolino, dieses fragwürdige Individuum, war immer ein kleiner Ganove gewesen, eher ein armer Tropf als ein Verbrecher. Alles harmloser Kram mit Bewährungsstrafen: kleine Diebstähle, Anzeigen wegen Belästigung von Frauen, die nichts von ihm und seinen nachdrücklichen Annäherungsversuchen wissen wollten. Was man ihnen nicht verübeln konnte, wenn man ihn sich ansah. Kurzum, eine Persönlichkeit, die mehr ein Fall für den Psychiater als für das Gefängnis war. Er war nie für etwas Gravierendes verurteilt worden, bis er beschlossen hatte, alles auf eine Karte zu setzen und einer von den richtig schweren Jungs zu werden.

Vor fast vier Jahren hatte er mit zwei Komplizen, die wie er nichts zu verlieren hatten, einen Überfall auf das Postamt eines Dorfes in der Nähe von Asti verübt. Die drei flüchteten mit einer lächerlich geringen Beute, und nach ein paar Kilometern hatte der Fahrer in einer Kurve wegen überhöhter Geschwindigkeit die Kontrolle über sein Fahrzeug verloren und war mit voller Wucht auf ein entgegenkommendes Auto geprallt.

Der Fahrer des anderen Wagens war sofort tot gewesen. Er war zwanzig Jahre alt und hieß Paolo Savelli. Der Sohn des Mannes, mit dem Capuzzo soeben gesprochen hatte.

Dieser Unfalltod hatte viel Aufsehen erregt, denn der Junge war ein hochbegabter Physikstudent und ein vielversprechendes Talent in Wissenschaft und Kultur, nicht nur auf nationaler Ebene. Bertolino hatte von einem abgekürzten Verfahren profitiert, und sein Anwalt hatte dank der rechtlichen Möglichkeiten der Verfahrensabsprache und des Straferlasses erreicht, dass er nur knapp drei Jahre absitzen musste.

Wieder einmal konnte der Commissario nicht umhin festzustellen, dass die Ironie des Schicksals unglaublich war. Höchstwahrscheinlich wäre der Kerl noch am Leben, hätte er länger im Knast gesessen. Seine Gedanken kehrten zu dem Mann zurück, von dem er sich gerade verabschiedet hatte. Er wusste nicht, ob Mario Savelli gläubig war. Doch selbst wenn nicht, selbst wenn er nicht glaubte, dass die Wege des Herrn unergründlich waren, dachte er nun bestimmt, dass sie manchmal äußerst verschlungen verliefen.

Er zündete sich eine Zigarette an und ging über den Platz. Lombardo hatte den Streifenwagen auf der anderen Seite geparkt, vor einer Bar im Schatten des Turms, der die Piazza überragte.

Irgendwo in seiner Jacke klingelte das Handy. Nachdem er es mehrfach in der falschen Tasche gesucht hatte, schaffte er es schließlich, es herauszufischen und ans Ohr zu halten.

»Ja?«

Die Stimme des Leiters der Spurensicherung

meldete sich. Alle nannten die Abteilung so, obwohl das Polizeipräsidium von Asti nicht über Hightechgeräte verfügte und sich, wenn dergleichen bei Untersuchungen erforderlich war, mit Laboren andernorts aushelfen musste.

»Commissario Capuzzo?«

»Ja.«

»Hier ist Bertone. Wir haben die Spuren ausgewertet, wie Sie uns gebeten hatten, und ich glaube, dass Ihre Hypothese durchaus plausibel ist.«

»Was heißt das?«

»Dass die Abdrücke für einen Mann seines Gewichts zu tief sind. Wir gleichen erst die Daten ab, weshalb ich noch nichts Genaueres sagen kann, aber ich denke, Sie haben das richtig erkannt.«

Er klang so verlegen, dass das schon Buße genug war. Daher hielt der Commissario es für unangebracht, den Finger noch tiefer in die Wunde zu legen.

»In Ordnung. Geben Sie mir so bald wie möglich Bescheid.«

Ihm schien, dass Bertone das Gespräch mit einer gewissen Erleichterung beendete.

»Wird gemacht.«

Mit einem kleinen Lächeln, das nicht frei von Genugtuung war, steckte Capuzzo das Telefon wieder ein. Er dachte an die Worte des Polizeipräsidenten. Da er nun vorläufig keine Karriere als Drehbuchautor ins Auge zu fassen brauchte, war er gespannt, was das Leben und die Menschen ihm als Alternative vorschlagen würden.

Wenn sich, wie es den Anschein hatte, seine Hypothese bestätigte, war am gestrigen Abend noch ein anderer Mann mit Lucio Bertolino im Auto gewesen. Ein Mann, der stark genug war, um ihn auf seinem Rücken vom Auto bis zu dem Baum zu tragen. Das konnte nicht Savelli sein, der hatte gar nicht die Statur für ein derartiges Unterfangen. Er war ein ziemlich schmächtiger Mensch, fragil und hellhäutig, und hatte so schlanke Finger, dass man fürchtete, sie könnten jeden Moment zerbrechen. Sie schienen weit mehr dazu geeignet, über Klaviertasten zu fliegen, als einem Mann einen Strick um den Hals zu binden. Obendrein war er nicht mehr der Jüngste.

Capuzzo erachtete Savelli wirklich nicht für den geeigneten Mann, um eine so mühsame Aktion über die Bühne zu bringen.

Gewiss, er hätte einen Auftragsmörder anheuern können. Aber solche Leute waren Berufskiller, Profis ohne Skrupel und Finessen. Maximales Ergebnis mit minimalem Aufwand. Sie kamen, ein Schuss in den Kopf und weg, ohne Zugeständnisse an eine Kreativität, die sie gar nicht erst besaßen.

Außerdem hatte die Erfahrung ihn gelehrt, dass normale Bürger, wenn sie sich mit solchen Typen einließen, sich ausgesprochen ungeschickt verhielten und Spuren so breit wie die Kondensstreifen eines Flugzeugs am Himmel hinterließen. Sie würden diesbezüglich Ermittlungen über Savelli anstellen, doch auch ohne dass er genau sagen konnte, warum, war Capuzzo sicher, dass nichts dabei herauskommen würde.

Lombardo hatte, als er ihn herankommen sah, schon die Tür geöffnet und sich hinters Steuer gesetzt. Er wartete, bis er es sich bequem gemacht hatte, bevor er etwas sagte.

»Ich habe gerade mit Bussi gesprochen. Es gibt Neuigkeiten.«

»Was für Neuigkeiten?«

»Sie haben die Wohnung des Faultiers durchsucht.«

»Wessen Wohnung?«

»Die von diesem Bertolino. Ein Freund von ihm hat uns erzählt, dass er im Knast so genannt wurde.«

Capuzzo dachte an Bertolinos fliehendes Kinn und die hervorquellenden Augen und fand, dass derjenige, der ihm diesen Spitznamen verpasst hatte, wirklich Sinn für Humor besaß.

Lombardo, dem offenbar derartige Überlegungen fremd waren, fuhr ungerührt mit seinem Bericht fort.

»Sie haben Hasch und Heroin gefunden, versteckt in einem wasserdichten Behälter im wc-Spülkasten.«

»Unser Freund wollte groß ins Geschäft einsteigen.«

»Sieht so aus.«

»Gut. Wenn wir den finden wollen, der ihn aus dem Weg geräumt hat, müssen wir wohl in dieser Richtung suchen.«

Damit hat es keine Eile …

Der Commissario fügte diese Anmerkung im Stillen hinzu.

Während der Wagen das Denkmal in der Mitte der Piazza umrundete und er seinen Sicherheitsgurt anlegte, sah Capuzzo zu dem Balkon von Savellis Wohnung hinauf. Er glaubte, ihn hinterm Fenster stehen zu sehen, wo er beobachtete, wie das Polizeiauto davonfuhr. Dann leuchtete das Fenster im Widerschein der Sonne hell auf, und der Commissario fragte sich, ob er sich das nur eingebildet hatte.

Er ertappte sich bei dem Gedanken, dass das Leben, ganz ohne den Herrn zu bemühen, hin und wieder auf unerklärliche Weise mit jemandem abrechnete. Im Fall von Dottor Mario Savelli und seinem Sohn Paolo, dem unschuldigen Opfer, der nur zur falschen Zeit am falschen Ort gewesen war, war nun Gleiches mit Gleichem vergolten.

Abel war Gerechtigkeit widerfahren.

8.

Mario Savelli verfolgte von oben, wie der Polizeiwagen von der Piazza fuhr, und trat dann vom Fenster zurück. Dieser Commissario Capuzzo gefiel ihm. Er war ein Polizist, aber dennoch Mensch geblieben. Das hatte er schon bei ihrer ersten Begegnung erkannt, als Capuzzo zu ihm gekommen war, um ihm mitzuteilen, dass Paolo tot war. Dieser erste gute Eindruck hatte sich gerade bestätigt.

Gewiss liebte Capuzzo seine Arbeit, aber er war nicht von ihr besessen. Er war ein gerechter und einfühlsamer Mann. Savelli wusste, wie sehr diese Eigenschaften in dieser abscheulichen Zeit, in dieser abscheulichen Welt gebraucht wurden.

»Ich gehe jetzt, Dottore.«

Ghitas Stimme überraschte ihn von hinten. Er drehte sich um und sah sie mitten im Flur stehen, vor der Tür zur Küche. Sie hatte Mantel und Schal an, bereit, das Haus zu verlassen.

»Ja, sicher. Wir sehen uns morgen.«

Die Haushälterin hatte darum gebeten, sich den Nachmittag freinehmen zu dürfen, um eine Landsmännin von ihr zu treffen, die bei Verwandten in Alessandria zu Besuch war. Sie waren alle ebenfalls nach Italien eingewandert, wo sie Arbeit gefunden hatten und sich ein neues Leben aufzubauen versuchten.

Er hatte es ihr ohne weiteres zugestanden. Es war Samstag, und die Vorstellung, allein in der Wohnung zu sein, empfand er als angenehm.

»Ich habe Ihnen das Essen in den Kühlschrank gestellt. Wenn Sie zu Hause essen möchten, brauchen Sie es nur aufzuwärmen. Guten Abend, Dottore.«

Ghita war keine junge Frau mehr, hatte aber das schüchterne Lächeln eines Mädchens. Sie war schon mehrere Jahre bei ihm, und Savelli hatte es nie bereut, sie eingestellt zu haben. Er folgte ihr mit dem Blick, als sie zur Tür am Ende des Flurs ging und die Wohnung verließ. Er wartete auf das Geräusch des haltenden Aufzugs, und erst als er ihn hinunterfahren hörte, bewegte er sich auf sein Arbeitszimmer zu.

Es gab eigentlich keinen Grund, Erleichterung zu empfinden, weil er vorübergehend der Alleinherrscher in seiner Wohnung war. Ghita war sehr diskret, geradezu unsichtbar, und im Übrigen hätte er sich nur in sein Arbeitszimmer einzuschließen brauchen, um die ersehnte Privatsphäre zu genießen.

Aber heute war ein besonderer Tag.

Er betrat das Zimmer, das er vor vielen Jahren zu seinem persönlichen Reich erkoren hatte, bevor Paolo unbedingt einen Platz für seine Studien brauchte, so dass er es mit ihm teilen musste. Von da an war es zu »ihrem« Arbeitszimmer geworden, zu etwas, das sie über die gegenseitige Zuneigung, die Blutsverwandtschaft und das Zusammenwohnen hinaus miteinander verband. Zu einem Ort, an dem einer die Spuren des anderen fand, wenn er sich dort aufhielt.

Jetzt war es wieder sein eigenes Arbeitszimmer. Mario Savelli hatte immer damit gerechnet, dass es eines Tages dazu kommen würde, wenn sein Sohn heiraten oder wenn er ausziehen würde, um sich ein eigenes Zuhause zu schaffen. Doch er war auf die schlimmste Weise wieder alleiniger Herr über dieses Zimmer geworden. Er hatte dafür mit Tagen voller Tränen bezahlt und Nächten mit weitgeöffneten Augen im Dunkeln, auf den Schlaf wartend, der sich nicht einstellen wollte.

Entschieden ging er auf ein Stillleben zu, das der Tür gegenüberhing. Er klappte es an seitlichen Angeln zurück und brachte den Safe dahinter zum Vorschein.

Wie oft hatte er mit seiner Frau darüber gelacht. Tagelang hatten sie gescherzt, wie banal es doch war, einen Tresor hinter einem Bild zu verstecken. Stunden hatten sie damit zugebracht, andere Möglichkeiten durchzugehen, aber am Ende keine bessere Lösung gefunden.

Das Bild war geblieben.

Als er die Zahlenkombination eingab, hatte er Lorenzas Gesicht vor Augen. Ihr lachendes Mädchengesicht und ihr verwelktes Gesicht als Kranke. Wie viel Qual und Mitleid hatte er empfunden, als er sie Tag für Tag begleitete, während der Tumor sie innerhalb eines halben Jahres buchstäblich auffraß. Und wie hatte er sie hinterher beneidet.

Weil sie das Glück gehabt hatte zu sterben, bevor sie die Schmach erleiden musste, ihr eigenes Kind zu überleben …

Er öffnete den Safe und holte eine mit dunklem Wachstuch bezogene Schachtel heraus. Er stellte sie auf dem Schreibtisch ab und setzte sich. Dann knipste er die Tischlampe an, und als er den Deckel abnahm, fiel sein Blick auf einen in einen beigen Lappen eingewickelten Gegenstand. Er nahm ihn heraus, schob die Schachtel beiseite und legte ihn auf die lederne Schreibunterlage.

Achtsam wickelte er ihn aus und hielt ihn ins Licht. Als wäre es das erste Mal, betrachtete er einen Moment lang ein prächtiges Exemplar von Luger, jener Pistole, mit der die deutschen Offiziere im Zweiten Weltkrieg ausgestattet waren.

Sie hatte seinem Vater gehört, der ihm nie erzählt hatte, wie er in ihren Besitz gekommen war. Er hatte sie ihm gezeigt, als er groß genug war, um ihre unheilvolle Bedeutung zu verstehen. Mario wusste, dass sie nicht angemeldet war, dass ihr Besitz doppelt unerlaubt war, weil es sich um eine Kriegswaffe handelte. Trotzdem war sie im Haus geblieben, ein kleines Geheimnis zwischen Vater und Sohn, der einzige Abstecher einer durchweg gesetzestreuen Familie in die Illegalität.

Sein Vater hatte ihm beigebracht, wie man die Pistole auseinandernahm und wieder zusammensetzte, er hatte ihm erklärt, wie man sie richtig ölte und in bestem, gebrauchsbereitem Zustand erhielt. Und in all den Jahren hatte er sie weiter instand gehalten, mehr aus Tradition als aus Notwendigkeit. Er hätte es auch seinem eigenen Sohn, Paolo, beigebracht, wenn nicht passiert wäre, was passiert war. Er wusste nicht, wann aus dieser Pistole zum letzten Mal ein Schuss abgefeuert worden war. Jetzt aber würde es bald wieder geschehen, und er war sicher, dass sie ihn nicht im Stich lassen würde.

Ruhig und geschickt begann er, die Luger zu zerlegen. Seine Hände bewegten sich beinahe von selbst, geführt von den Fäden der Erfahrung wie eine Marionette. So hatte er Zeit, die ganze seltsame Geschichte noch einmal in der Erinnerung vorüberziehen zu lassen, vom Anfang bis zu ihrem bevorstehenden Ende.

9.

Ihren Anfang genommen hatte sie vor zwei Jahren.

Er war nach Capri gereist, zu einem wichtigen Kongress der Kreditanstalten. Viel Augenwischerei, aber im Grunde das Übliche. Fortbildungsseminare für junge Führungskräfte, Vorträge von bekannten Referenten zu diesem und jenem Thema, Positionierungen auf neuen und alten Märkten, Anleitungen für neue und alte Strategien.

Erst am letzten Tag eine Sitzung der europäischen Manager der oberen Etagen zu einer dieser hochgeheimen Absprachen zwischen Banken, die hinter verschlossenen Türen stattfanden und von denen die Öffentlichkeit nichts erfuhr, die aber die Zukunft jenes Teils der Wirtschaft bestimmten, der an die Kapitalversorgung und die Kosten des Geldes gebunden war.

Savelli hatte aufgrund seiner Beförderung daran teilgenommen, seine erste wirklich prestigeträchtige Aufgabe, sein offizieller Eintritt in die Welt der Hochfinanz. Schließlich war das babylonische Sprachgewirr in die gemeinsame Sprache des Essens und Trinkens gemündet, und alle hatten sich zu dem traditionellen Abschlussempfang versammelt, in den Sälen eines der vornehmsten Hotels der Insel. Fünf Sterne, ein Kongresszentrum, das alle aufnehmen konnte, herrlicher Meerblick. Doch kein Zimmer war luxuriös genug, um ihn vergessen zu lassen, dass es sich um ein Hotelzimmer handelte.

Und dass er es allein bewohnte.

Mario Savelli hatte den Saal verlassen und war nach draußen gegangen. Er war bereit, an allem teilzunehmen, was in direktem Bezug zur Arbeit stand, aber gegen erzwungene Fröhlichkeit, gegen das, was er das »Silvestersyndrom«, die Verpflichtung zum Feiern nannte, hatte er schon immer eine Abneigung gehegt.

Er war am Pool entlanggegangen und hatte sich an die Brüstung gelehnt, die ihn umgab, gebannt vom ewig faszinierenden Schauspiel des Vollmonds über dem Meer.

Das Klicken eines Feuerzeugs, das Licht einer Flamme und der Rauch einer Zigarette hatten die Gegenwart eines anderen signalisiert. Der Mann hatte sich ein paar Meter von ihm entfernt auf die

Brüstung gestützt; rote Zigarettenglut unterbrach von Zeit zu Zeit das silbrige Schimmern des Mondes.

Sie standen eine Weile schweigend nebeneinander, wie in den Anblick vertieft. Dann hob der Mann die Stille mit gedämpfter Stimme auf, als befürchtete er, mit einem zu lauten Ton den Zauber zu zerstören.

»Schön, nicht?«

»Sehr schön.«

Der Mann war auf ihn zugegangen und hatte ihm die Hand gegeben. Da er halb mit dem Rücken zur Brüstung stand, lag sein Gesicht im Schatten.

»Freut mich, Sie kennenzulernen. Ich heiße Alberto Medori.«

Savelli schüttelte seine Hand.

»Die Freude ist ganz meinerseits. Ich bin …«

»Dottor Mario Savelli«, ergänzte der andere für ihn. »Ich weiß, wer Sie sind, ich kenne Sie gut.« Er drehte sich wieder zum Meer, und sein Profil war wie in Silber gegossen. »Nicht nur aufgrund Ihrer beruflichen Verdienste. Das hier ist alles in allem ein kleiner Zirkel. Erfolge wie Misserfolge sind stets in aller Munde. Und wie es scheint, hatten Sie von Letzteren ziemlich wenige.«

Savelli hatte sich den Mann genauer angesehen, der größer und kräftiger war als er und leicht grobe

Züge hatte, vom Mondlicht wie mit Tuschstrichen nachgezeichnet. Medori hatte weitergesprochen, und es klang, als hätte er diese Rede schon seit langem vorbereitet.

»Sie und ich, wir haben etwas Tragisches gemeinsam, Dottor Savelli. Und uns sind auf nicht minder tragische Weise die Hände gebunden. Doch falls Sie einverstanden sind, könnten wir uns gegenseitig befreien. Und ein wenig Frieden finden. Wenn Sie mir ein paar Minuten Zeit schenken, werde ich Ihnen erklären, was ich meine …«

10.

Mario Savelli setzte die Pistole fertig zusammen. Er hatte sie zum zigsten Male von nicht vorhandenem Staub gereinigt, hatte das überschüssige Öl abgewischt, den Abzug überprüft und die Patronen ins Magazin eingelegt. Dann hatte er das Magazin in den Pistolenknauf geschoben, was einen harten, metallischen Laut verursachte. Das war die Stimme der Pistole, ihre unpersönliche, mechanische Mitteilung: »Ich bin bereit.«

Er wickelte die Luger wieder in den Lappen, legte sie in die Schachtel und schloss sie in den Safe ein.

Als er sich an jenem Abend vor zwei Jahren mit Alberto Medori an einen gutbeleuchteten Tisch gesetzt und ihm ins Gesicht gesehen hatte, hatte er ihn sofort erkannt. Er war im Jahr zuvor mehrmals in verschiedenen Nachrichtensendungen aufgetreten, die ungewollte Hauptperson einer dramatischen Lokalberichterstattung. Eine Zeitlang hatte man ihn auch in Talkshows gesehen, als lebendes Beispiel für eine unzulängliche Rechtsprechung. Dann hatten ihn die Medien aufs Abstellgleis geschoben und nach und nach der Vergessenheit anheimgegeben.

Der Vorfall, der ihn berühmt gemacht hatte, ähnelte auf traurige Weise Savellis eigenem Schicksalsschlag.

Medori lebte in Salerno, wo seine Mutter und seine achtjährige Tochter von einem unfallflüchtigen Fahrer totgefahren worden waren. Die Geschichte war so furchtbar wie trivial. Der Mann hatte sich nach reichlichem Alkoholgenuss und einigen mit Freunden gerauchten Joints ans Steuer gesetzt. Er hatte die beiden Fußgängerinnen am Straßenrand erfasst, Panik bekommen und war geflüchtet.

Die polizeilichen Ermittlungen hatten nicht viel Zeit in Anspruch genommen, er war identifiziert und verhaftet worden. Danach hatte sich ungefähr das Gleiche abgespielt wie bei dem Gerichtsverfahren gegen Lucio Bertolino. Unterm Strich würde der Schuldige mit sehr wenig davonkommen. Savelli erinnerte sich noch genau an Medoris Gesichtsausdruck.

»Es gibt Dinge, die geschehen und gehen vorbei, weil wir Menschen sind und vergessen können. Dann wieder gibt es andere, die nie vorbeigehen. Aus demselben Grund. Weil wir Menschen sind und nicht vergessen wollen.«

Da war Mario Savelli bewusst geworden, dass es ihm genauso ging. Trotz all der Zeit, die dazwischenlag, waren Schmerz und Wut nicht vergangen. Der Schmerz wurde bemäntelt, indem er sich kopfüber in die Arbeit stürzte. Die Wut war ein unerschöpflicher Treibstoff, der ihm Tag für Tag half weiterzumachen, mehr als die Nahrung, die er aß, und das Wasser, das er trank.

Alberto Medori hatte ihm in die Augen gesehen, als er die Worte sprach, die sie für immer aneinanderbinden sollten.

»Ich kenne Ihre Geschichte, Dottor Savelli. Ich weiß, dass Sie ein anständiger Mensch sind. Das bin ich auch. Aber es gibt Fälle, in denen das an die zweite Stelle treten darf und muss angesichts der ungeheuerlichen Erschütterung zweier Leben, ohne den Trost der Wiedergutmachung. Ich weiß, dass kein Akt der Gerechtigkeit mir meine Mutter und meine Tochter wiedergeben kann. So wie nichts Ihnen Ihren Sohn zurückgeben kann. Aber es könnte eine Erleichterung sein zu wissen, dass letzten Endes doch alles gemäß den ethischen Normen verlief, wonach zwischen Schuld und Unschuld unterschieden wird.«

Er hatte sich kurz unterbrochen. Dann war er mit seinem leicht süditalienischen Tonfall fortgefahren. In seinen Augen standen Tränen.

»Und ich bin bereit, mich mit Rache zu begnügen, wenn ich schon keine Gerechtigkeit haben kann.«

Eine Stille hatte sich über sie gesenkt, die die gleiche Wirkung hatte wie das Mondlicht. Dann hatten sie die ganze Nacht miteinander gesprochen und am Ende einen Pakt geschlossen. Savelli hatte über seine Bereitwilligkeit gestaunt; es war, als hätte diese Begegnung eine zu kurze Bettdecke weggezogen und seinen unruhigen Schlaf enthüllt. Er hatte sich über die Gelassenheit gewundert, mit der er das alles als ganz natürlich hinnahm, so wie er es eben ganz natürlich gefunden hatte, ein Magazin voller Kugeln in den Knauf einer alten Pistole zu schieben.

Seitdem hatten Alberto Medori und er sich nicht mehr gesehen oder gesprochen. Die einzige

Kommunikation fand auf altmodische Weise in Form handgeschriebener Briefe statt, die sofort nach dem Lesen vernichtet wurden. Keine E-Mail, keine Handys, keine Computer, alles Dinge, die Hinweise hinterließen wie die Schleimspuren von Schnecken.

Sie hatten alles sorgfältig vorbereitet, und als Savelli vom Tod Lucio Bertolinos erfahren hatte, war ihm klar gewesen, dass der andere sein Versprechen gehalten, seinen Teil der Vereinbarung erfüllt hatte. Er wusste, dass er mit dem Zug nach Asti gekommen und auch wieder mit dem Zug abgefahren war, ohne in einem Hotel zu übernachten oder ein Taxi zu nehmen. Bestimmt hatte er öffentliche Verkehrsmittel benutzt, ein anonymes Gesicht unter vielen anderen. Er war genauso gegangen, wie er gekommen war, und hatte eine Spur der Rache hinter sich gelassen, nachdem er vergeblich Gerechtigkeit gesucht hatte.

Genau das würde auch er tun, wenn er nach Salerno kam.

Ein Verbrechen im Gegenzug für ein Verbrechen.

So wie Hitchcock und ihre gemeinsame Begeisterung für das Kino es sie gelehrt hatten. Wenn die Wirklichkeit manchmal zum Film wurde, so würde diesmal ein Film Wirklichkeit werden …

Er verließ das Arbeitszimmer und ging durch die von der Sonne dieses ungewöhnlich warmen Herbstes durchflutete Wohnung. Deren Helligkeit war einer der Gründe, weshalb seine Frau und er sich für sie entschieden hatten. Mit einem Stich im Herzen dachte er daran, wie Lorenza ihr Zuhause einmal, den Dichter Quasimodo zitierend, als »von einem Sonnenstrahl getroffen« beschrieben hatte.

Ohne sich vorzustellen, dass es ganz plötzlich Abend werden konnte.

Er ging wieder zu der Glastür, öffnete sie und trat hinaus auf den Balkon. Erneut beobachtete er das Hin und Her der Autos und Menschen auf der Piazza. Die Leute lebten ihr alltägliches Leben, ohne daran zu denken, mit welcher Leichtigkeit der Zufall es zerstören konnte. Es waren Kinder, die eines Tages erwachsen werden, Männer und Frauen werden würden, etwas, das seinem Sohn versagt geblieben war.

Lange blieb er so stehen und hing diesen und anderen Gedanken nach.

Dann kehrte er aus der Sonne des Balkons in den Schatten zurück, wie es jeder Mann tut, wenn er seinen Entschluss gefasst hat.

Kurt Lanthaler

Maderneid

Altbauer Beppi geht in die Landwirtschaft. Einen Fuß nach dem anderen, langsam auf Beinen, die links wie rechts auf Hühneraugen stehen, geht er das Dorf hinaus Richtung Maderneid, über den Parkplatz mit den Stellplätzen für die Busse, an der Wurstbude vorbei, ohne zu essen, an der Ersten und Allgemeinen Kellereigenossenschaft vorbei, ohne zu trinken, geht er das Dorf hinaus in die Weinberge und Obstwiesen. Feldwege, über die er früher mit dem Ochsengespann gezogen ist, als er noch eher Tagelöhner war als Bauer, an den Rebstöcken mehr hing als heute und Apfelbäume wie Bäume aussahen und nicht wie haltungsgeschädigte Kleiderständer für Zwerge.

Früher, sagt Altbauer Beppi, war nicht alles besser. Aber alles anders. Früher, sagt er, den sie seit seiner Zeit beim Königlich-Italienischen Militär Beppi rufen, der unterm Faschismus amtlich zu Giuseppe wurde und vor fünfundzwanzig Jahren amtlich wieder in den Urzustand zurückgetauft und deswegen in den Papieren als Josef steht, obwohl ihm Beppi lieber gewesen wäre, früher war auch nicht alles anders. Wir waren anders.

Und dann kommt die Zeit, sagt Beppi, dann kommt die Zeit und vergeht, immer schneller, mit der Zeit, vergeht sie, und du gehst in die Landwirtschaft wie jeden Tag die ganzen Jahre, und jeden Tag bist du länger unterwegs, obwohl der Bub die Landwirtschaft übernommen und die Rebstöcke herausgerissen und Golden Delicous und Gala und Braeburn und, das Allerneueste jetzt, Fuji und Pink Lady, angelegt hat, als ob das etwas wäre, Apfelsaft statt Wein, und die Wiesen hat er getauscht, der Bub, so dass sie jetzt näher am Hof liegen und nebeneinander, und trotzdem bist du heute länger unterwegs, sagt Beppi und sagt: Und du redest mit dir selber, was dir früher auch nicht eingefallen ist. Früher hat dich auch keiner fotografiert, wie der Tourist, da kann er freundlich lachen und grüßen, fotografiert hat er dich trotzdem, als ob das etwas Besonderes wäre, der alte Sonntagsanzug und der blaue Arbeitsschurz, der Hut und die Bergschuhe. Was soll man sonst anziehen, wenn man mit Hühneraugen in die Landwirtschaft geht, sagt Beppi, halt mich für verrückt oder altersblöd, Depp, fotografischer, wenn du willst, Hauptsach, du redest mich nicht an, es reicht mir, wenn ich mit mir red.

Wie Altbauer Beppi in der Obstwiese steht, die früher die seine und jetzt die seines Sohnes und Hoferben Josef ist, nimmt er sich den Hut vom Kopf, wischt sich den Schweiß von der Stirn und schüttelt betrübt den Kopf. Nein, sagt Altbauer Beppi, etwas Richtiges ist das nicht mehr. Wird schon sein, dass damit mehr Geld zu verdienen ist, und wird auch sein, dass es einfacher zum Arbeiten ist. Aber Apfelbäume, die einem von meiner Statur, die dazu noch seit fünfzehn Jahren schrumpft, Apfelbäume, die so einem nur bis knapp über die Hutschnur langen, sind keine Bäume mehr. Das kann mir keiner erzählen. Und dass die Arbeit bequemer ist, wird schon sein, aber es ist keine Arbeit für einen Mann mehr. Einen Baum zu schneiden, der gleich groß ist wie du, ist keine Kunst. Aber was willst du, sagt Altbauer Beppi, was willst du von einer Landwirtschaft, die im Frühjahr Hormone auf die Bäume spritzt, damit die Äpfel abfallen, und im Herbst Hormone auf die Bäume spritzt, damit sie hängen bleiben. Und jedes Mal werden die Äpfel quadratischer.

Und jetzt stehst du da, Beppi, sagt Altbauer Beppi, setzt sich seufzend den Hut wieder auf und verstaut das Taschentuch in seiner linken Hosentasche, jetzt stehst du da und hast einen Benzinmotor und Druckluft und eine pneumatische Schere und nichts anderes zu tun, als durch die Wiese zu laufen, die heute Anlage heißt, und verkrüppelten Zwergbäumchen vom Boden aus drei Äste abzuschneiden, und bis Abend ist, bist du leicht fertig, und das in einer Obstwiese, wo wir früher zu dritt zwei Tage gebraucht haben. Aber der Bub hat es so gewollt, und übergeben hast du, und deswegen schafft er jetzt, und es ist ja auch wahr, dass weniger zu tun ist und der Ertrag höher. Und außerdem hätt der Bub sonst nicht die Zeit, dreimal die Woche in die Bank zu gehen.

Altbauer Beppi hat inzwischen den Schlauch an den Kompressor und die pneumatische Schere an den Schlauch angeschlossen und startet jetzt den Benzinmotor. Dann gehn wir's eben an, sagt er, dass bis abends auch etwas getan ist.

Jungbauer Josef, der sich schon recht früh den Namen Jo zugelegt hat, Jungbauer Jo nickt kurz mit dem Kopf, wie er in die Bank kommt, geht an den Schaltern vorbei, nickt jedesmal kurz mit dem Kopf und verschwindet hinter einer Mauer von Zimmerpflanzen, die zu nichts anderem da sind, als das Termingeschäft von den alltäglichen Bankgeschäften zu trennen. Jungbauer Jo ist ein alter Fuchs, was die Spekulation betrifft, und hat schon alles durch. Warentermine, Aktien, kurzfristige Staatsverschreibungen. Zurzeit bearbeitet Jungbauer Jo das Valutenfeld. Weil, hat er gestern Abend noch im Gasthaus gesagt, sich die moderne Landwirtschaft auf ein zweites Bein stellen muss, mindestens. Und weil, wer einen modernen Betrieb führt, ohne weiteres die Zeit erübrigt für die Kontakte zur Bank, die Lektüre der Wirtschaftsnachrichten, den Blick auf die Börsen und die regelmäßige Kontrolle am Videotext. Das, sagt Jungbauer Jo, ist bei einem zeitgemäß geführten Betrieb allemal drin.

Wir sind in Schwierigkeiten, sagt der Bankangestellte, Tokio sieht gar nicht gut aus. Wenn London nervös wird, wird Frankfurt schwach, und wir stehen mit dreihundertfünfzig offen da. Ich, sagt Jungbauer Jo, ich bin dann der mit den dreihundertfünfzig Kranken. Bring das nicht durcheinander. Nein, sagt der Bankangestellte und lächelt müde und wischt sich den Schweiß von der Stirn, ich hab mich an dich rangehängt. Auch mit dreihundertfünfzig. Hat mir nach einer todsicheren Sache ausgesehen. Hab gedacht, du hast den richtigen Riecher gehabt. Hör auf, sagt Jungbauer Jo, erzähl keinen Scheiß. Und vor allem, erzähl mir nicht, dass du Windschatten gefahren bist. Doch, sagt der Bankangestellte, ich bin privat reingegangen. Das sieht die Bank aber nicht gern, sagt Jungbauer Jo. Ich weiß, sagt der Bankangestellte. Vor allem, weil sie selbst auch mit achthundert drinhängt. Jungbauer Jo zieht kurz den Atem an und klopft zweimal mit seinen Fingern auf die Edelholzplatte. O. k., sagt er, wer ist noch drauf, auf der Titanic? Zwei Nachbarn von dir, du weißt schon, war ja dein Tipp, dann die Kellereigenossenschaft, die Baumschule und, na ja, der Ortsvorstand vom Bauernbund. Der hat gestern noch gesagt, das ist nichts für ihn, sagt Jungbauer Jo. Und wo hat er das gesagt?, sagt der Bankangestellte. Im Gasthaus, sagt Jungbauer Jo. Eben, sagt der Bankangestellte.

Jungbauer Jo steht auf, nicht halb so schnell, wie er sich niedergesetzt hat. Diesmal kracht's, wenn's schiefgeht, sagt er. Der Bankangestellte schaut nicht hoch. Das wird so laut, dass du gar nichts wirst hören können, sagt er dann, das wird der Megaknall. Wenn alle auf eine Karte setzen und keiner dagegenhält … das ist die Atombombe. Das absolute Schweigen. Der totale Tod. Dreihundertfünfzig, sagt Jungbauer Jo, da kann ich alles verkaufen. Wenn's die anderen auch reißt, kann ich froh sein, wenn ich auf dreihundertfünfzig komm. Oder gebt ihr mir einen zweiten Kredit? Ab morgen bin ich nicht mehr da, sagt der Bankangestellte, höchstwahrscheinlich nicht. Und heute brauchst du ihn noch nicht. Vielleicht läuft's ja. Ich hab kein gutes Gefühl, sagt Jungbauer Jo, diesmal hängen zu viele dran. Letztes Mal hat mir noch der Nachbar aushelfen können, vor zwei Wochen ich ihm. Diesmal … Wir werden sehen, sagt der Bankangestellte, vor dreizehn Uhr ist noch nichts gesagt. Vielleicht haben die in London ein Einsehen mit uns. Braten werden sie uns, sagt Jungbauer Jo, bei lebendigem Leibe. Erst rupfen, dann braten. Ich weiß es.

Jungbauer Jo fährt nach Hause und setzt sich vor den Fernseher. Seine Frau denkt sich nichts, das tut er immer, um diese Uhrzeit. Die Börse. Nach einer halben Stunde steht Jungbauer Jo auf, verlässt das Haus, geht zum Stadel, in dem die Maschinen stehen, zieht das Tor hinter sich zu, schließt den Schlauch an, setzt sich in seinen BMW und startet den Motor. Nach zehn Minuten ist Jungbauer Jo tot.

Nein, sagt Altbauer Beppi, Freude kann einem die Arbeit nicht so recht machen. Den Kompressor ein paar Meter weiterstellen, schneiden, schneiden, schneiden, Kompressor weiterstellen. Da besinnt sich Altbauer Beppi an den Eigenbau, der im Trog hinter ihm im Wasser liegt. Er steckt sich die Schere in den blauen Schurz, dessen einer Zipfel am Bauchband befestigt ist und so eine Tasche bildet. Wenigstens ist der Wein nicht schlechter geworden, sagt Altbauer Beppi nach ein paar kräftigen Schlucken und bückt sich, um die Flasche im Schatten abzustellen. Dabei drückt der Oberschenkel auf den einen, der Bauch auf den anderen Arm der Schere und drückt so weit, bis der Druckpunkt erreicht ist, das Ventil die Luft freigibt und die Schere mit einem Schnitt das Glied abtrennt. Nach fünf Minuten ist Altbauer Beppi tot.

Giorgio Scerbanenco

Das geschenkte Alibi

Tonio erwachte, weil ihn das lange blonde Haar des Mädchens, das neben ihm schlief, im Gesicht kitzelte. Kopfschüttelnd betrachtete er ihre mageren, vielleicht ein wenig zu mageren Schultern. Sie hatte ihm den Rücken zugekehrt, und er zog lächelnd die Bettdecke höher, um sie nicht zu wecken.

Er befand sich in einem großen Zimmer eines großen Hotels in einer großen Stadt – Mailand. Die Fenster waren hoch und schmal wie die einer gotischen Kathedrale, der Fußboden pastellrosa ausgelegt, und die goldgerahmten runden Spiegel an den Wänden wirkten wie kleine Silberseen.

Das Badezimmer glitzerte von Chrom. Er stieg in die Badewanne und tauchte bis zum Gesicht in das heiße Wasser. Dann drehte er den Kaltwasserhahn weit auf, und bald musste er fröstelnd aus der Wanne springen. Das große Badetuch, das er auf der Heizung angewärmt hatte, weckte seine Lebensgeister vollends. Er begann sich anzuziehen.

Der Revolver, der an einem Spezialhaken in seiner Hose befestigt war, erinnerte ihn daran, dass für diesen Vormittag, den 22. April, der Treffpunkt für einen Überfall angesetzt war, und zwar um elf Uhr am Largo Promessi Sposi, nur wenige Schritte entfernt von der Einfahrt zur Autostrada dei Fiori, im Süden der Stadt.

Er zog sich bis auf die Jacke an und verließ, kräftig nach Lavendel duftend, das Badezimmer. Es war jetzt acht Uhr vierzig, und er musste Simona Bescheid sagen, dass er gehen müsse. Sie könne ruhig so lange schlafen, wie sie Lust habe, würde er sagen, dann würde er ihr das Geld für die Hotelrechnung geben und verschwinden. In ein paar Tagen würde er wieder von sich hören lassen und sich mit ihr verabreden.

»He, Simona, wach auf!« Er setzte sich auf den Bettrand und fuhr mit der Hand durch ihr Haar. »Hörst du, du verschlafenes Murmeltier!« Das Laken bedeckte ihr Gesicht. Er zog es zurück, und dann sah er ihre Lippen. Sie waren fast schwarz.

Er war kein Arzt, aber um zu wissen, dass sie tot war, brauchte man kein Arzt zu sein. Simona hatte ihm gegenüber ein- oder zweimal von ihrem Herzleiden gesprochen, und nun war sie an einem Herzschlag gestorben. Er deckte das Laken wieder über ihr Gesicht und stand auf. Er zog sich in die hinterste Ecke des Zimmers, so weit wie möglich von ihrem Bett entfernt, zurück und schaute wieder auf die Uhr. Es war erst acht Uhr fünfundvierzig. Er setzte sich auf die Armlehne des pastellblauen Veloursssessels und dachte nach. Simona war ihm nie besonders wichtig gewesen; sie war eine von vielen festen Freundinnen, die er je nach Lust und Laune aufsuchte. Und doch – jetzt wo sie tot war, war ihm, als hätte sie ihm mehr bedeutet als all die anderen Mädchen.

Er sah auf die Uhr: acht Uhr fünfzig. Auf dem Tischchen vor dem Sessel stand noch die Flasche mit schwarzem Holunderlikör, Simonas Lieblingsgetränk. Vielleicht war ihr dieses Zeug nicht bekommen, denn sie hatte vor dem Zubettgehen reichlich davon getrunken. Er hatte nicht die Angewohnheit, schon am frühen Vormittag zu trinken; trotzdem griff er nach der Flasche und setzte sie an die Lippen, ohne in die Richtung des Bettes zu schauen, wo sich unter dem pastellblauen Laken die kleine Gestalt der kleinen Simona erahnen ließ, als schlafe sie nur. Er trank, bis ihm fast die Luft ausging und er husten musste. Dann stand er auf. Er hatte genug nachgedacht, und nun ging er, ohne die Tür hinter sich abzuschließen, denn das war jetzt nicht mehr nötig.

Er trat auf die Straße. Es war ein windiger Frühlingstag. Er nahm ein Taxi und ließ sich in der Nähe des großen Kaufhauses an der Porta Vittoria absetzen. Mit dem Aufzug fuhr er zum Restaurant im obersten Stockwerk hinauf. Das Lokal war menschenleer. Nur auf der Terrasse stand ein Mann am Geländer und schaute auf die Stadt zu seinen Füßen hinab. Ein hochgewachsener, grobknochiger Mann mit einem dichten jugendlichen Haarschopf, der nicht recht zu seinem nicht mehr ganz jungen Gesicht passen wollte. Der Wind, der hier oben noch stärker wehte als auf der Straße, zerzauste sein braunes Haar.

Tonio trat auf ihn zu.

»Entschuldige, ich bin ein bisschen spät dran.«

»Macht ja nichts, wir haben Zeit!«, sagte der Knochige.

»Ich hab' Ärger gehabt. War nicht vorauszusehen.«

Der Mann drehte sich nervös, fast wütend, zu ihm um.

»Was für Ärger? Heute können wir uns keinen Ärger leisten.«

Tonio erzählte ihm, was passiert war: dass Simona tot in ihrem Hotelzimmer läge. Der andere überlegte kurz, dann sagte er:

»Das ist kein Ärger. Das ist gar nichts.«

»Wieso nichts? Simona liegt tot in ihrem Hotelzimmer, und früher oder später wird man sie finden. Der Hotelportier hat unsere Namen, und selbst wenn sie nicht gleich an Mord denken, werden sie ihren Begleiter suchen, und der bin ich.«

»Na und? Was soll's? Lass sie doch suchen! Dass Simona tot ist, werden sie frühestens gegen Mittag entdecken, und ehe sie dir auf die Bude rücken, ist es Nachmittag, wenn nicht Abend.«

»Na gut! Aber wenn sie mich holen kommen, was soll ich ihnen erzählen?«

»Du erzählst ihnen ganz einfach, dass du aus dem Hotel gegangen bist, ohne zu merken, dass sie tot war. Du hast geglaubt, sie schläft. Die können dir überhaupt nichts tun. Wenn sie dich für ein paar Tage einsperren, umso besser!«

»Das sagst du! Und warum?«

»Der Gescheiteste bist du auch nicht gerade! Wenn sie dich wegen Simonas Tod einbuchten, dann wahrscheinlich, weil die Polizei vermutet, dass du was mit ihrem Tod zu tun hast. Später müssen sie dich laufenlassen, weil sich herausstellen wird, dass sie ganz von allein gestorben ist. Aber kein Mensch wird den Verdacht haben, dass du bei dem Überfall auf Caravel dabei gewesen bist. Kapiert?«

Unter dem Namen »Caravel« befasste sich eine bescheidene, weithin unbekannte, aber straff organisierte Privatgesellschaft mit dem Transport von Wertsachen quer durch die ganze Po-Ebene – von Turin nach Venedig und bis hinunter nach Modena und Bologna, von einem beliebigen Punkt zum andern. Nicht selten kam es vor, dass größere Unternehmen, die sich aus den verschiedensten Gründen nicht der Banken bedienen konnten oder mochten, beträchtliche Geldsummen von ihrem Hauptsitz zu den Filialen befördern mussten. Hinzu kamen die Juweliere mit ihren Musterkollektionen, die manchmal einen Milliardenwert ausmachten.

Zum Personal der Firma Caravel gehörte eine Gruppe von etwa einem Dutzend Transportbegleiter, die meisten von ihnen ehemalige Polizisten, harte, superharte Burschen, die vielleicht sogar aus ebendiesem Grund aus Staatsdiensten entlassen worden waren. Sie verstanden sich ausgezeichnet auf den Umgang mit jeder Art von Waffen, vom Minirevolver bis zur Panzerfaust. Ferner verfügte die Firma über ein gutes halbes Dutzend Fahrer, drei von ihnen ehemalige Rennfahrer, die ohne weiteres in der Lage waren, einen Lastwagen mit einhundertundzehn Stundenkilometern mitten durch den Stadtverkehr zu bugsieren, ohne auch nur einem Radfahrer ein Haar zu krümmen. Unnötig zu sagen, dass diese Gruppe von etwa zwanzig Männern die verschiedensten Sportarten ausübte, vorzugsweise natürlich die härtesten Kampfsportarten; das reichte vom Judo über den griechisch-römischen Ringkampf bis zum Boxen, Catchen und Karate.

Für den Transport der ihr anvertrauten Wertsachen benutzte die Firma Caravel ein eigenes System. Die Ladung, bestehend aus Bargeld oder Schmuckgegenständen, befand sich in einem Panzerschrank in einem ebenfalls gepanzerten Lieferwagen. Dieser Panzerschrank konnte nur mit drei Schlüsseln geöffnet werden, die im Besitz drei verschiedener Angestellter der Transportfirma waren. Mit anderen Worten, selbst bei einem Überfall auf den Transport und selbst wenn die Banditen die Oberhand behielten und in den Lieferwagen eindrängen, würden sie nicht auf die üblichen, leicht zu transportierenden Sicherheitskassetten mit Geld oder Brillanten stoßen, sondern auf einen einzigen wuchtigen Panzerschrank im Gewicht von etwa fünf Zentnern. Auch für den Fall, dass es den Räubern tatsächlich gelingen sollte, den Panzerschrank auf ihren eigenen Wagen umzuladen, war Vorsorge getroffen worden: Der Panzerschrank war mit einem kleinen Sender ausgestattet, der zu jeder Zeit und an jedem Ort, an den die Männer ihn transportierten, ein bestimmtes Signal ausstrahlte.

An diesem Vormittag des 22. April, einem grauen, windigen Tag, fuhr der Konvoi der Firma Caravel über die Via Chiesa Rossa, entlang dem Naviglio, einem Schifffahrtskanal, nach Pavia. Am Steuer des blauen Panzerautos saß ein blonder jüngerer Mann und neben ihm ein zweiter mit einem riesigen Revolver unter der Jacke. Im Innern des Wagens stand der Panzerschrank, und auf diesem saßen zwei weitere Begleiter, jeder trug eine kurze Maschinenpistole umgehängt über dem grauen Anzug. Die beiden schauten gelangweilt durch die schießschartenartigen Schlitze hinaus auf das Wasser des Kanals, das an diesem grauen Apriltag nur bleiern schimmerte. Vor dem Panzerauto fuhr ein ebenfalls blauer Fiat 1800, besetzt mit einem Fahrer und zwei bewaffneten Männern. Dieser Fiat 1800 hatte die Funktionen des Aufklärers und der Vorhut, und die Männer waren jederzeit schussbereit. Um zehn Uhr neunundfünfzig hatten sich die beiden Fahrzeuge bis auf hundert Meter dem weiten Platz des Largo Promessi Sposi genähert. Der Panzerschrank enthielt an diesem Tag einhundertsechsunddreißig Millionen Lire in verschiedenen Banknoten bis hinunter zum Fünfhundert-Lire-Schein.

Auf dem Platz selbst saß zur selben Zeit – das heißt: um zehn Uhr neunundfünfzig – Tonio am Steuer seiner »Giulietta« und versuchte, nicht an

Simona zu denken. Seine Aufgabe bestand nur darin, die Via Chiesa Rossa zu beobachten und das Auftauchen des Panzerautos und des Begleitfahrzeuges abzuwarten. Auf der anderen Seite des Platzes parkte der Citroën des Chefs. Der Chef war der große, grobknochige Mann, er hatte noch drei schwere Jungs in seinem Wagen. Ein Stück hinter dem Platz parkten schließlich noch zwei Autos, ein Simca und ein Fiat 500. In dem Simca saßen vier kräftige, schwerbewaffnete Männer, und in dem Fiat 500 nur ein einziger, ein schmalbrüstiger, vor Angst blasser Jüngling, der in der Nähe der Einmündung des Viale Giovanni da Cermenate der Dinge harrte, die da kommen würden.

Es war Punkt elf Uhr: Der Fiat 1800, der dem Panzerauto mit den einhundertsechsunddreißig Millionen vorausfuhr, bog auf den Platz ein. Sie ließen ihn passieren. Direkt hinter ihm folgte der blaue Lieferwagen. Den ließen sie nicht passieren. Der Citroën schob sich zwischen den Fiat 1800 und den Lieferwagen, versperrte Letzterem den Weg und zwang ihn zum Halten.

Es herrschte zu dieser Zeit reger Verkehr auf der Straße, obwohl es sich nicht um die Hauptroute nach Pavia handelte, und alle Fahrzeuge waren gezwungen zu halten, weil Tonio, der mit seinen Gedanken immer noch bei Simona war, seinen Wagen hinter das Panzerauto gesetzt hatte, und zwar quer zur Fahrtrichtung, so dass der ganze Verkehr blockiert war. Genau das war seine Aufgabe gewesen. Es gab ein nicht enden wollendes Hupkonzert.

Alles wickelte sich in wenig mehr als anderthalb Minuten ab, mit einer nur geringen Verzögerung zum festgelegten Plan. Die Zeitungen sprachen noch am selben Abend von einer geradezu militärischen Aktion gegen einen Geldtransport: einhundertfünfzig Millionen – Zeitungen pflegen eben zu übertreiben –, geraubt in einer Operation nach Art der Marineinfanterie. Die Gangster hatten den Lieferwagen mit dem Panzerschrank darin blockiert, indem sie ihn von dem vorausfahrenden Begleitfahrzeug trennten. Die Männer im Fiat 1800 wurden, ehe sie überhaupt merkten, was passiert war, von einer Bande junger Burschen aus einem Simca angegriffen und mit schweren Schlägen auf den Kopf außer Gefecht gesetzt. Zur gleichen Zeit wurden der Fahrer des Panzerautos und sein Begleiter von vier anderen Männern, darunter einem großen, grobknochigen, auf dieselbe Weise ausgeschaltet. Die beiden Männer im Innern des Panzerautos wurden von einer Maschinenpistole durch eine Luke hinter dem Fahrersitz in Schach gehalten, so dass ihnen keine andere Wahl blieb, als sich zu ergeben. Dann waren sie – genau wie alle andern –

niedergeschlagen und aus dem Auto geworfen worden. Einen Augenblick später brach der Geldtransporter plötzlich nach rechts aus und verschwand in der Via Francesco De Sanctis, gefolgt von dem Simca, der sich sofort quer auf die Fahrbahn stellte und so jede Verfolgung des Transporters unmöglich machte. Nach einer Minute und zweiunddreißig Sekunden war alles vorbei. Der gesamte Verkehr war hoffnungslos festgefahren, kein Auto, das nicht völlig eingekeilt war. Bei dem regen Verkehr, der zu dieser Stunde herrschte, bedeutete das ein namenloses Chaos zwischen dem Piazzale Carrara und dem Largo Promessi Sposi. Außer denen, die mit dem blauen Panzerauto verschwunden waren, machten sich die Gangster zu Fuß aus dem Staub. Ihre Autos, die sie einfach stehenließen, blockierten die verschiedenen Zugangswege: Der Citroën versperrte den Viale Cermenate, die »Giulietta« die Via Chiesa Rossa und der Simca die Via De Sanctis. Als die Polizei schließlich eintraf und die Wachleute aus dem Panzerauto und dem Fiat 1800 sich von den Schlägen erholt hatten, war es zu spät. Der blaue Geldtransporter war bereits über alle Berge, und man konnte sich unschwer vorstellen, wohin er verschwunden war: in irgendeinen gutversteckten Schuppen, wo die Gangster in aller Ruhe dem Panzerschrank zu Leibe rücken konnten.

Alles hatte sich mit äußerster Präzision abgespielt. Der Chef unternahm nur wenige Aktionen, aber was er unternahm, das machte er gründlich. Am Tag nach dem Überfall brachten einige Tageszeitungen die ersten Fragezeichen: »Warum funktionierte der Sender im Geldschrank nicht?«

Der Sender hätte durch seine Signale anzeigen sollen, wo der Geldschrank sich im Augenblick befand, das heißt, wohin ihn die Gangster verfrachtet hatten. Stattdessen war etwas sehr Seltsames passiert: Der Sender hatte den planmäßigen Kurs des Panzerautos angezeigt, bis zu der großen Fabrik, zu der die einhundertsechsunddreißig Millionen transportiert werden sollten, und von da an hatte er, wie vereinbart, geschwiegen. Wie dieses Wunder hatte geschehen können, sollten die Polizei und die Zeitungen erst viel später erfahren. Der Sender des Geldschranks war von einem der Männer ausgebaut und sofort an den blassen Jüngling weitergegeben worden, der in seinem Fiat 500 an der Ecke Via Cermenate wartete. Trotz seiner Heidenangst hatte dieser mit dem Prachtstück von einem Sender genau die Fahrtroute zurückgelegt, die der Geldtransport planmäßig hätte nehmen sollen. Für diese leichte Arbeit war er großzügig bezahlt worden. Vor dem Fabriktor hatte er angehalten, und erst dann hatte er – genau nach Plan – den

Sender abgeschaltet, in die Tasche gesteckt und war zu Fuß verschwunden. Sämtliche Autos waren selbstverständlich gestohlen – der Fiat 500 sowohl als auch die »Giulietta«, der Simca und der Citroën –, und ebenso selbstverständlich waren an ihnen keine Fingerabdrücke zu entdecken gewesen, denn Gangster sind bekanntlich vornehme Leute, die nie ohne Handschuhe ausgehen.

»Wer hat die Gangster so genau über den Geldtransport informiert?«, fragten die Zeitungen. Und weiter: »Wie viel haben die Gangster für die Informationen bezahlt?« Die Antworten auf alle diese Fragen kamen erst, als es zu spät war, als sie nichts mehr nützten. Der Informant der Gangster war eine Informantin gewesen, ein junges Mädchen, verlobt – wenn man so will – mit einem der Transportbegleiter bei Caravel, einem der jüngsten der Truppe und außerdem einem der eitelsten und redseligsten. Dieser junge Mann hatte dem Mädchen von seinen ruhmreichen Taten als Begleiter und Beschützer der Caravel-Transporte erzählt, insbesondere von dem »Transport 22«, der am Zweiundzwanzigsten eines jeden Monats stattfand und bei dem jedes Mal riesige Summen zwischen hundert und zweihundert Millionen zu der Fabrik eines großen Mailänder Unternehmens transportiert wurden. Der Preis dieser Informationen war lächerlich gering gewesen: knapp hunderttausend Lire hatten die Tütchen mit dem Pulver gekostet, das die Informantin ihrem Freund von der Caravel beim intimen Zusammensein ins Glas mischte, um ihm die Zunge zu lockern. Und in der Tat hatte es seine Zunge in einem Maße gelockert, dass er sein ganzes Leben, von frühester Kindheit an, vor ihr ausgebreitet hatte. Interessiert hatte sie sich natürlich nur für den Teil, der sich auf seine Tätigkeit bei Caravel bezog. Und das hatte sie alles getreulich weitergegeben. In völliger Unkenntnis über die Bedeutung und den Wert ihrer Enthüllungen hatte sie nur eine halbe Million verlangt. Der Chef hatte ihr dreihunderttausend gegeben, und sie war trotzdem sehr zufrieden gewesen.

Es war elf Minuten nach elf und noch immer sehr windig. Inzwischen war Tonio zu Fuß an der Piazza Belfanti angekommen – er war sehr rasch gegangen. Er betrat die kleine Bar an der Ecke und bestellte einen Holunderlikör, Simonas Lieblingsgetränk. Den gab es nicht in dieser Bar, also trank er einen anderen Aperitif. Seine Aufgabe war beendet. Er hatte den Verkehr hinter dem Caravel-Auto aufgehalten und sich davongemacht. Und für diese einfache, aber wichtige Arbeit würde er fünf Millionen kassieren.

Zu Hause angekommen, sagte er zu seiner Schwester, dass er müde sei und sich etwas hinlegen wolle – möglicherweise hätte ihn eine Grippe erwischt, meinte er.

Seine Schwester, eine unverheiratete Frau, sah ihn kopfschüttelnd an und wunderte sich:

»Jedes Mal, wenn du am Abend mit Simona ausgehst, bist du am Tag danach wie zerschlagen.«

Am nächsten Morgen, ehe er überhaupt dazu kam, sich zu rasieren, standen zwei Polizisten vor der Tür.

»Name?«, fragte einer der beiden.

Sie nahmen ihn mit zum Präsidium, und dort fielen sie zu zweit über ihn her.

Er nannte ihnen bereitwillig seine Personalien. Dann kam einer der beiden, der rangniedrigere, zum Kern der Sache.

»Kennen Sie eine gewisse Simona Darelli, dreiundzwanzig Jahre alt, von Beruf Maniküre?«

Er spielte seine Rolle perfekt.

»Natürlich kenne ich sie. Sie ist meine Verlobte.«

»Wann haben Sie sie zum letzten Mal gesehen?«

»Vor zwei Tagen. Warum?«

»Hier stellen wir die Fragen!« warf der andere, der ranghöhere, ein.

Der rangniedrigere Polizist setzte das Verhör fort:

»Wo haben Sie sie vor zwei Tagen gesehen?«

Er spielte einen Moment die Rolle des Verlegenen, dann gestand er:

»In einem Hotel. Ihre Eltern verstehen nämlich keinen Spaß, wissen Sie!« Das Komische war, dass es sogar stimmte: Simonas Eltern waren sehr altmodisch, obwohl es ihr immer wieder gelungen war, sie zu täuschen. »Gar nicht so einfach, sich zu treffen …«

»In welchem Hotel?«

Er nannte den Namen des Hotels und verfiel sofort wieder in seine Rolle:

»Aber wozu wollen Sie das denn wissen?«

Diesmal enthielt sich der andere des Hinweises, dass er und niemand anders hier die Fragen zu stellen habe. Aber er kam heran, setzte sich auf eine Ecke des Schreibtisches und sah ihm in die Augen.

»Weil Ihre sogenannte Verlobte heute Morgen tot aufgefunden wurde«, sagte er dann. »Und zwar in dem Hotel, das Sie eben genannt haben.«

»Tot?«, entfuhr es ihm, seiner Rolle entsprechend. »Aber das ist doch nicht möglich!«

»Warum ist das nicht möglich?«, fragte der Polizist misstrauisch.

»Weil sie jedenfalls noch lebte, als ich aus dem Hotel gegangen bin.«

»Hm … und woher wissen Sie, dass sie noch gelebt hat?« Die runden, vorstehenden Froschaugen des Polizisten sahen ihn ungläubig an.

Tonio tat verlegen: »Woher soll ich das wissen? Genau kann ich es natürlich nicht sagen. Sie hat geschlafen. Ich bin als Erster aufgestanden und hab sie nicht geweckt, weil sie das immer nervös macht. Ich musste nach Hause. Das machen wir immer so! Ich lasse das Geld für die Hotelrechnung in ihrer Handtasche. Sie steht erst sehr spät auf, weil sie nur nachmittags als Maniküre arbeitet. Ihr Chef hat nicht genug Geld, um sie für den ganzen Tag zu bezahlen ...«

Die beiden Polizisten betrachteten ihn eine Weile schweigend, dann sagte der Ranghöhere:

»Die Autopsie findet noch in dieser Woche statt. Ich hoffe für Sie, dass die Todesursache wirklich nur Herzversagen ist. Sollte die gerichtsmedizinische Untersuchung irgendwelche Spuren von Gift oder Strangulation oder sonstige Hinweise auf vorsätzlichen Mord ergeben, dann möchte ich nicht in Ihrer Haut stecken.«

Dabei fühlte er sich ausgezeichnet in seiner Haut. Zu diesem Schluss kam er, nachdem sie ihn in eine Zelle gesperrt hatten. Er hatte Simona nicht getötet, und auch die Polizei würde sich über kurz oder lang davon überzeugen können. Aber die Tatsache, dass man ihn verdächtigte, sie aus irgendwelchen dunklen Motiven umgebracht zu haben, kam ihm sehr zustatten. Zumal, da in diesen Tagen die Polizei und die Zeitungen wie verrückt hinter den Gangstern her waren, die den Caravel-Transport überfallen hatten, und nichts, absolut nichts finden konnten – trotz der vielen Identikit-Porträts, die man nach Zeugenaussagen von den am Überfall beteiligten Männern angefertigt hatte. Während dieser aufregenden Zeit befand er sich in seiner Zelle des Polizeipräsidiums in Sicherheit, verdächtigt eines Verbrechens, das er nicht begangen hatte. Denn Simonas Tod war nicht die Folge eines Verbrechens.

Vierzehn Tage lang hielten sie ihn eingesperrt. Am Morgen des fünfzehnten Tages ließ ihn der ranghöhere der beiden Polizisten in sein Büro kommen, um ihm einige Papiere zur Unterschrift vorzulegen und ihm zu sagen, dass er frei sei.

»Die gerichtsmedizinische Untersuchung ist negativ verlaufen. Ihre Verlobte ist eines natürlichen Todes infolge eines Herzversagens gestorben.«

Tonio ging geradewegs nach Hause. Ohne einen Gruß für seine Schwester legte er sich ins Bett, nachdem er drei Schlaftabletten genommen hatte.

Er hatte die Tabletten noch nicht ganz verschluckt, da trat seine Schwester in sein Zimmer und brachte ihm ein Päckchen. »Das hier wurde für dich abgegeben. Ein Weihnachtsstollen! Stell dir vor! Ein Weihnachtsstollen im Mai!«

»Danke«, sagte er und schickte sie wieder hinaus.

Vor dem Einschlafen öffnete er rasch die künstlerische Verpackung des typisch mailändischen Weihnachtsgebäcks. Natürlich enthielt sie keinen Stollen; das hatte er auch so gewusst. Eingewickelt in feines Seidenpapier steckte ein ziemlich dickes Bündel Zehntausender darin: sein Anteil.

Bevor er endgültig einschlief, dachte er noch, dass von allen Frauen, die er je gekannt hatte, Simona die liebenswürdigste gewesen war: Genau am 22. April war sie einem Herzschlag erlegen, als ob sie ihn hätte beschützen wollen. Möglich, dass es einen Polizisten gab, der ihn trotz der Befunde der medizinischen Untersuchung auch weiterhin verdächtigte, sie getötet zu haben; aber ganz gewiss gab es keinen Polizisten, der ihn verdächtigte, an dem Caravel-Überfall beteiligt gewesen zu sein. Simona hatte ihm – gewissermaßen zum Abschied – das Alibi geschenkt.

Donna Leon

Tretminen

Sie kennen vielleicht Carpaccios Gemälde des heiligen Augustinus in der Scuola di San Giorgio degli Schiavoni: ein altertümliches Studierzimmer, rechts am Pult sitzt der Kirchenvater und blickt sinnend in die Ferne, links am Boden hockt sein weißes Hündchen. Ein struppiger Winzling, der leicht zu übersehen wäre, würde er nicht so hingebungsvoll zu seinem Herrn aufschauen, dass man sich glatt runterbeugen und ihm den süßen kleinen Kopf tätscheln möchte. Dem Hund, wohlgemerkt, nicht dem Heiligen.

Aber jetzt denken Sie mal kurz nach: Wer ist wohl damals mit diesem Hund Gassi gegangen? Wer hat ihn an die Leine genommen und in Venedig ausgeführt? Und wer hat dafür gesorgt, dass anschließend die Spuren des Geschäfts ordentlich beseitigt werden?

Die Antwort dürfte bei unserem Zeitsprung zwischen Renaissance und Gegenwart beide Male gleich ausfallen: niemand. Damit wir uns nicht missverstehen – die Venezianer gehen sehr wohl mit ihren Haustieren spazieren. Hunde sind schließlich ein Statussymbol, wenn auch eins, das mit der Mode geht. Nach Dalmatiner und Husky ist jetzt gerade der Golden Retriever angesagt. Sobald eine neue Rasse in Mode kommt, dauert es etwa achtzehn Monate, bis die ersten Exemplare im Tierheim landen. Die ersten Labradors wurden letzten Sommer gesichtet.

Doch das gehört nicht hierher, denn mein Thema ist ja Kacke, nicht Mode. Früher waren Venedigs Gassen vor lauter Hundescheiße kaum passierbar. Dann wurde es irgendwann besser; keine Ahnung, warum, an der Wachsamkeit der Behörden lag es bestimmt nicht, dass viele Hundebesitzer nun alles vorschriftsmäßig beseitigten.

Einmal allerdings wurde ich Zeuge, wie eine gutgekleidete Dame die Hinterlassenschaft ihres Vierbeiners mit einem Papiertaschentuch aufnahm und von der nächsten Brücke in den Kanal warf. *»Bene«*, wagte ich zu bemerken, *»città pattumiera«*, die Stadt als Müllkippe, denn offensichtlich sah die Frau Venedig so.

Worauf die Frau mich so bissig anfuhr, dass mir der Verdacht kam, sie habe so einen Kommentar nicht zum ersten Mal gehört: »Was glauben Sie denn, wo die Ihre landet?« Berechtigte Frage, aber das Fass wollen wir hier nicht auch noch aufmachen.

Vor ein paar Jahren startete die Straßenreinigung eine Kampagne – zu kurz, als dass sie sich rentiert hätte, außer vielleicht für die beteiligten Firmen – mit mechanisch betriebenen Kotstaubsaugern. Doch die verschwanden, wie gesagt, bald wieder.

Eine Zeitlang lief es trotzdem ganz gut, und man war, zumindest im Stadtzentrum, einigermaßen sicher vor den leidigen Tretminen. Aber seit Anfang des Jahres scheint das Verantwortungsgefühl der Hundehalter wieder nachzulassen, und die Straßen verwandeln sich erneut in den Hindernisparcours von früher.

Was aber nicht widerstandslos hingenommen wird: Neulich hatte ich auf der Calle del Cristo in Cannaregio das komische Gefühl, am Boden bewege sich etwas hin und her. Im Näherkommen erkannte ich einen Hundehaufen, der mir zuwinkte. Genau genommen winkte da ein Papierfähnchen, das, an einem Zahnstocher befestigt, in der Kacke steckte und die Aufschrift trug: *»Il mio padrone«*, mein Herrchen. Wie wahr. Im Weitergehen fand ich noch mehr Belege für den Eifer des pfiffigen Protestlers: Auf jeder Hinterlassenschaft prangte ein Fähnchen mit der gleichen sinnigen Grußbotschaft.

Als ich bei einem gemeinsamen Abendessen mit fünf venezianischen Freunden davon erzählte, hatten zwei von ihnen die Fähnchen auch gesehen. Natürlich lästerten wir bald alle unisono über die skandalösen Zustände auf den Wegen der Stadt.

Bis einer der Gäste eine Geschichte zum Besten gab, die er eines Morgens beim Zeitungholen erlebt hatte. Er war eben mit dem *Gazzettino* unterm Arm vom Kiosk gekommen, als eine Dame im Pelzmantel seinen *campo* betrat und ihren kleinen weißen Malteser, der unverkennbar von jenem anfangs genannten treuen Begleiter des heiligen Augustinus abstammte, von der Leine ließ. Das freigelassene Hündchen schnupperte suchend auf dem Platz herum und kauerte sich endlich an einem Hauseingang nieder. Oben im ersten Stock stand ein Mann mit einer Tasse Kaffee am Fenster.

Während der kleine Köter sein Geschäft verrichtete, verzog sein Frauchen sich demonstrativ unbeteiligt ans andere Ende des *campo*, und der Mann am Fenster trank seinen Kaffee aus. Lassen Sie eine halbe Minute verstreichen, liebe Leser. Unterdessen wendet die Frau sich wieder dem Hund zu, die Haustür geht auf, und der Mann vom Fenster tritt heraus.

Er registriert die Hinterlassenschaft vor seiner Tür, sieht erst den Hund an, dann die Frau und erkundigt sich: »Verzeihen Sie, Signora, ist das Ihrer?«

Worauf sie in gekränkter Unschuld die Hände hochwirft und »Was fällt Ihnen ein!« ruft.

Da lächelt der Mann, lockt den Hund mit sanfter Stimme, packt ihn, dreht ihn vorsichtig kopfüber und wischt mit seinem Rückenfell die Scheiße auf.

Anschließend setzt er das Tier genauso behutsam wieder auf die Füße, grüßt die Frau mit einem höflichen *»Buongiorno«* und zieht sich zurück.

Wir Zuhörer der Geschichte brachen in einen Jubel aus, als wäre Venedig soeben Weltmeister geworden. Zwei trommelten vor Freude auf dem Tisch herum, einer schrie laut *»vittoria«*, und dann hoben wir die Gläser und brachten einen Toast aus auf unseren venezianischen Terminator.

Patricia Highsmith

Die tapferste Ratte von Venedig

Im Haushalt der Familie Mangoni im Palazzo Cecchini am Rio San Polo ging es fröhlich und lebhaft zu: Mann und Frau und sechs Kinder im Alter von zwei bis zehn Jahren, vier Jungen und zwei Mädchen. Sie waren die Verwalterfamilie. Die Besitzer des Palazzo, ein englisch-amerikanisches Ehepaar namens Whitman, waren für drei Monate oder noch länger verreist, nach London, wo sie ein Stadthaus besaßen.

»Was für ein herrlicher Tag! Lasst uns die Fenster aufreißen und singen! Und dieses Haus *saubermachen*!«, rief Signora Mangoni aus der Küche, während sie ihre Schürze losband. Sie war im achten Monat schwanger. Sie hatte das Frühstücksgeschirr abgespült, die Brotkrumen aufgekehrt und betrachtete den frischen, sonnigen Tag mit der Freude einer Besitzerin. Warum auch nicht! Sie und ihre Familie verfügten über alle Zimmer, konnten in jedem Bett schlafen, in dem sie schlafen wollten, und hatten obendrein genug Geld von den Whitmans, um den Haushalt standesgemäß weiterzuführen.

»Dürfen wir unten spielen, Mama?«, fragte der zehnjährige Luigi der Form halber. Er nahm an, dass Mama *»No!«* sagen würde, woraufhin er und ein paar seiner Brüder und vielleicht seine Schwester Roberta es trotzdem tun würden. Im seichten Wasser unten zu waten, auszurutschen und hinzufallen war ein Riesenspaß. Oder die vorbeifahrenden Gondolieri und ihre Passagiere zu erschrecken, indem man die Tür zum Kanal aufriss und einen Eimer Wasser hinausschüttete, vielleicht geradewegs einem Touristen in den Schoß.

»Nein!«, sagte Mama. »Nur weil ihr heute schulfrei habt –«

Offiziell gingen Luigi, Roberta und die Brüder Carlo und Arturo zur Schule. Doch im vergangenen Monat, seit die Familie Mangoni den Palazzo Cecchini ganz und gar in Besitz genommen hatte, hatten sie oft gefehlt. Spannender als der Schulunterricht war es, das Haus zu erkunden, so zu tun, als gehöre einem alles, jede Tür öffnen zu dürfen, ohne vorher anzuklopfen. Luigi wollte Carlo zu sich winken, als seine Mutter sagte: »Luigi, du hast versprochen, heute Vormittag mit Rupert rauszugehen!«

Hatte er das? Und wenn, dann belastete dieses

Versprechen Luigis Gewissen nicht sonderlich. »Heute Nachmittag.«

»Nein, heute vormittag. Hol den Hund!«

Luigi seufzte. Missmutig ging er mit watschelnden Schritten in die Küchenecke, wo der Dalmatiner am Fuß eines Kachelofens angebunden war.

Der Hund ging allmählich aus der Form, und deshalb wollte Luigis Mutter, dass er oder Carlo ihn mehrmals täglich ausführten. Der Hund ging aus der Form, weil er Risotto und Pasta zu fressen bekam statt der Fleischnahrung, die Signor Whitman empfohlen hatte. Das wusste Luigi. Luigi hatte seine Eltern darüber debattieren gehört, und die Debatte war kurz gewesen: Wie sollte man bei den Fleischpreisen einem Hund *bistecca* zu fressen geben? Völlig hirnverbrannt, selbst wenn ihnen das Geld dafür ausgehändigt worden war. Der Hund konnte genauso gut altes Brot mit Milch fressen, und schließlich enthielten die Risottoreste immer ein bisschen Fisch und Muschelfleisch. Ein Hund war ein Hund und kein Mensch. Jetzt aß die Familie Mangoni Fleisch.

Als Kompromiss ließ Luigi Rupert in der engen Gasse vor dem Haupteingang des Palazzo das Bein heben, rief Carlo herbei, der mit einer halbgeleerten Limonadenflasche in der Hand nach Hause schlenderte, und zusammen mit dem Hund stiegen die beiden eine Treppe hinter einer Tür in der Eingangshalle hinunter.

Das Wasser sah aus, als wäre es einen halben Meter tief. Luigi lachte voller Vorfreude, schlüpfte auf der Treppe aus den Sandalen und streifte sich die Socken von den Füßen.

Gluck-schwapp! Das dunkle Wasser bewegte sich, klatschte blindlings an steinerne Ecken, kam in Wellen zurück. Der große, leere, rechteckige Raum lag im Halbdunkel. Hinter der Tür führte eine weitere Steintreppe unmittelbar in das Wasser des relativ breiten Kanals, der Rio San Polo hieß. Hunderte von Jahren hindurch, bevor der Palazzo so stark gesunken war, hatten Gondeln hier haltgemacht und herausgeputzte Damen und Herren trockenen Fußes auf den Marmorboden des Salons abgesetzt, in dem nun Luigi und Carlo im Wasser planschten und rutschten, das ihnen fast bis zum Knie reichte.

Der Hund Rupert stand zitternd auf einer der Stufen, die die Jungen hinuntergekommen waren. Er zitterte weniger, weil ihn fröstelte, als aus Unruhe und Langeweile. Er wusste nichts mit sich anzufangen. Seine gewohnten und geliebten drei Spaziergänge täglich, Milch und Hundekekse morgens und die große Fleischmahlzeit gegen sechs Uhr nachmittags, all das gehörte der Vergangenheit an.

Jetzt war sein Leben ein elendes Chaos, und seine Tage waren strukturlos.

Es war November, aber nicht kalt, nicht zu kalt jedenfalls für Luigis und Carlos improvisiertes Spiel, bei dem sie einander schubsten. Wer zuerst hinfiel, hatte verloren, wurde jedoch durch den Beifall und das Gelächter der anderen belohnt – meistens kamen Roberta und die kleine Schwester Benita herbeigewatet oder sahen von der Treppe aus zu.

»Eine Ratte!«, rief Luigi und streckte heuchlerisch den Finger aus und schubste Carlo im selben Moment gegen die Knie, so dass Carlo mit lautem Platschen ins Wasser fiel, das an die Wände spritzte und Luigi mit Tröpfchen übersäte.

Carlo richtete sich auf, pitschnass und lachend, und watete zu den Treppenstufen, auf denen der zitternde Hund stand.

»Schau mal! Da ist eine echte!«, rief Luigi mit ausgestrecktem Finger.

»Ha, ha!«, sagte Carlo ungläubig.

»Da, schau doch!« Luigi klatschte mit der Hand ins Wasser, um das hässliche Etwas unterzutauchen, das zwischen ihm und den Treppenstufen schwamm.

»Feigling!« Carlo quietschte vor Vergnügen und watete auf einen im Wasser treibenden Stock zu.

Luigi entriss ihm den Stock und ließ ihn auf den Körper der Ratte niedersausen; der Schlag ging daneben, rutschte am Rücken der Ratte ab. Luigi schlug abermals zu.

»Pack sie am Schwanz!«, kicherte Carlo.

»Hol ein Messer, dann stechen wir sie ab!« Luigi fletschte die Zähne, aufgeregt bei der Vorstellung, dass die Ratte tauchen und einem seiner Füße einen tödlichen Biss verpassen konnte.

Carlo platschte bereits die Treppenstufen hinauf. Seine Mutter war nicht in der Küche. Er griff sich schnell ein Fleischmesser mit breiter Klinge und rannte zu Luigi zurück.

Dieser hatte die Ratte zwei weitere Male geschlagen; jetzt, das Messer in der Rechten, traute er sich, die Ratte am Schwanz zu packen und sie auf einen Marmorvorsprung in Hüfthöhe zu bugsieren.

»Iiih! Mach sie tot!«, sagte Carlo.

Rupert jaulte mit erhobenem Kopf, überlegte, ob er die Treppe hochsteigen sollte, weil seine Leine locker war, und konnte sich nicht entscheiden, weil er nicht wusste, was er oben tun sollte.

Luigi hieb ungeschickt nach dem Hals der Ratte, die er noch immer am Schwanz hielt, verfehlte den Hals und traf ein Auge. Die Ratte wand sich und quiekte, wobei sie lange Vorderzähne entblößte, und vor Angst hätte Luigi fast ihren Schwanz losgelassen, doch stattdessen schlug er mit dem Messer zu, um sie zu enthaupten, trennte ihr jedoch einen Vorderfuß ab.

»Ha, ha, ha!« Carlo klatschte und spritzte wie wild mit dem Wasser, wobei er seinen Bruder mehr durchnässte als die Ratte.

»Dreckige Ratte!«, rief Luigi.

Ein paar Sekunden lang verharrte die Ratte reglos, mit offener Schnauze. Blut floss aus ihrem rechten Auge, und Luigi schlug mit der Messerklinge nach dem linken Hinterfuß der Ratte, der mit gespreizten Zehen schutzlos auf dem Stein lag. Die Ratte biss zu und erwischte Luigi am Handgelenk.

Luigi kreischte auf und schüttelte seinen Arm. Die Ratte fiel ins Wasser und schwamm hastig davon.

»Ooh!«, sagte Carlo.

»Aua!« Luigi schwenkte seinen Arm im Wasser hin und her und begutachtete sein Handgelenk. Zu sehen war nur ein rosa Punkt wie von einem Nadelstich. Luigi hatte vor seiner Mutter angeben wollen, um von ihr getröstet zu werden, aber er würde sich mit dieser Wunde zufriedengeben müssen. »Es tut wahnsinnig weh!«, versicherte er Carlo und watete auf die Treppenstufen zu. Obwohl die Verletzung nicht weh tat, standen ihm bereits Tränen in den Augen. *»Mamma!«*

Die Ratte schob sich mit dem Stumpf ihrer Vorderpfote und mit der gesunden Pfote an einer bemoosten Steinmauer entlang und hielt, so gut es ging, ihre Schnauze über Wasser. Ringsum färbte ihr Blut das Wasser rosa. Es war eine junge Ratte, ein fünf Monate altes Männchen, noch nicht ausgewachsen. In diesem Haus war sie zum ersten Mal gewesen; sie war durch eine Gasse oder einen Riss in der Hauswand von der Straßenseite aus hineingeraten. Sie hatte den Geruch von Nahrung gerochen oder zu riechen vermeint, verfaultes Fleisch oder dergleichen. In der Wand war ein Loch gewesen, und bevor sie wusste, wie ihr geschah, war sie ins Wasser geplumpst, das so tief war, dass sie schwimmen musste. Jetzt galt es, aus dem Wasser hinauszukommen. Das linke Vorderbein und das rechte Hinterbein schmerzten, aber schlimmer waren die Schmerzen im Auge. Die Ratte suchte hier und dort, fand aber weder Loch noch Mauerritze, in die sie kriechen konnte, und hielt sich schließlich mit den Krallen des rechten Vorderfußes an schleimigen Moossträngen fest, reglos, fast bewusstlos.

Etwas später regte sich die Ratte wieder; sie fröstelte und war benommen. Der Wasserpegel hatte sich etwas gesenkt, doch das war der Ratte nicht bewusst, denn sie musste immer noch schwimmen. Plötzlich zeigte sich in einer Wand ein schmaler

Lichtstreifen. Die Ratte hielt darauf zu, quetschte sich hindurch und entkam dem nassen Kerker. Nun befand sie sich im Halbdämmer irgendeiner Kanalisation. Sie fand einen Ausgang: einen Spalt im Straßenpflaster. Die nächsten Stunden bestanden aus einer Reihe kurzer Ausflüge in den Schutz einer Mülltonne, eines Hauseingangs, des Schattens hinter einem Blumenkübel. Auf Umwegen manövrierte die Ratte sich auf ihr Zuhause zu. Sie hatte noch keine eigene Familie, wurde jedoch in dem Heim oder Hauptquartier verschiedener Rattenfamilien, in dem sie auf die Welt gekommen war, mehr oder weniger geduldet. Als sie dort ankam, war es dunkel; es handelte sich um den Keller eines ehemaligen Lebensmittelgeschäfts, der vor langer Zeit leergefressen worden war. Die Holztür des Kellers war morsch wie Zunder, was den Ratten das Ein- und Ausgehen erleichterte, und keine Katze hätte es gewagt, sie in ihrem Nest anzugreifen, wo es für die Katze nur einen Fluchtweg gab, nämlich den Weg, den sie gekommen war.

Hier leckte die Ratte zwei Tage lang ihre Wunden, ohne Hilfe von Eltern, die sie ohnehin nicht als Nachwuchs betrachteten, oder anderen Verwandten. Wenigstens konnte sie sich an alten Kalbsknochen gütlich tun und an modrigen Kartoffelabfällen, Resten, die andere Ratten hergebracht hatten, um sich hier in Ruhe darüber herzumachen. Die Ratte sah nur mit einem Auge, doch das machte sie schon jetzt wacher und wendiger im Ergattern von Nahrungskrümeln und beim Rückzug, wenn sie sich bedroht fühlte. Diese Zeit der Erholung und Genesung wurde eines Morgens durch einen Wasserschwall unterbrochen.

Die Holztür wurde aufgestoßen, und der Sturzbach aus dem Wasserschlauch warf Rattenjunge in die Luft und gegen die Wand, zerschmetterte oder ertränkte sie, während die erwachsenen Ratten an dem Mann mit dem Schlauch vorbei die Stufen emporkletterten, wo man ihnen mit Knüppeln auf Kopf und Rücken schlug und wo große Gummistiefel sie zertrampelten.

Die verkrüppelte Ratte blieb unten und schwamm zuletzt ein bisschen. Männer mit großen Netzen an Stöcken kamen herunter und sammelten die Leichen ein. In das Wasser, das jetzt den Fußboden bedeckte, warfen sie Gift. Das Gift stank und schmerzte in den Lungen der Ratte. Es gab einen Hinterausgang, ein Wandloch, das gerade groß genug für die Ratte war, und dieses Loch benutzte sie. Ein paar andere Ratten hatten es auch benutzt, aber sie begegnete keiner von ihnen.

Es war Zeit, sich eine neue Bleibe zu suchen. Der Keller würde nie wieder sein, was er einmal gewesen war. Der Ratte ging es inzwischen besser, sie fühlte sich selbstsicherer und reifer. Sie lief und kroch, darauf bedacht, ihre zwei wunden Stümpfe zu schonen. Bis zum Mittag hatte sie eine Gasse hinter einem Restaurant entdeckt. Nicht aller Abfall war in die Mülleimer gelangt. Brotreste und ein langer Steakknochen mit Fleisch lagen auf dem Kopfsteinpflaster. Ein wahres Festmahl! Vielleicht die beste Mahlzeit, die die Ratte je gegessen hatte. Nach dem Essen legte sie sich in einem trockenen Abflussrohr schlafen, das für Katzen zu eng war. Bei Tageslicht hielt man sich besser versteckt. Nachts war es sicherer.

Die Tage vergingen. Die Stümpfe der Ratte schmerzten weniger. Selbst das Auge tat nicht mehr weh. Das graue, leicht bräunliche Fell wurde dicht und glatt. Das zerstörte Auge war ein halbgeschlossener grauer Fleck, zerklüftet durch die Bewegung des Messers, aber nicht mehr blutig oder voller Lymphflüssigkeit. Die Ratte merkte, dass sie Katzen zum Rückzug zwingen konnte, wenn sie sie angriff, und sie spürte, dass das an ihrem ungewöhnlichen Aussehen lag, weil sie auf zwei kurzen Beinen hinkte und nur ein Auge hatte. Auch die Katzen waren verschlagen, plusterten ihr Fell auf, um größer zu wirken, machten kehlige Geräusche. Aber nur ein einziges Mal hatte ein alter rötlicher, räudiger und einohriger Kater versucht, die Ratte in den Nacken zu beißen. Die Ratte hatte sofort das Vorderbein der Katze angegriffen und so fest zugebissen, dass die Katze von ihr ablassen musste. Als die Ratte das Bein losließ, war die Katze weggerannt und auf eine Fensterbank gesprungen. In irgendeinem finsteren Garten war das gewesen.

Die Tage kamen und gingen, und es wurde immer kälter und feuchter; Tage, an denen man mit etwas Glück in einem Flecken Sonnenlicht schlafen konnte, aber meistens nicht, weil es in irgendeinem Loch sicherer war, Nächte, in denen man stöberte und Futter suchte. Und tags wie nachts galt es auf der Hut zu sein vor Katzen und den erhobenen Knüppeln in Menschenhand. Einmal hatte ein Mensch unsere Ratte mit einer Mülltonne angegriffen, hatte die Mülltonne auf den Steinboden geknallt und den Schwanz der Ratte erwischt, ihn nicht abgeschnitten, aber so schmerzhaft eingeklemmt, wie es die Ratte seit dem Verlust ihres Auges nicht mehr erlebt hatte.

Die Ratte wusste, wann eine Gondel sich näherte. »Ho! Aii!« oder etwas Ähnliches riefen die Gondolieri, meistens, wenn es darum ging, um eine Ecke zu manövrieren. Gondeln waren keine Bedrohung. Manchmal holte ein Gondoliere mit seinem Ruder nach der Ratte aus, aber spielerisch, nicht um sie totzuschlagen. Und so ein Gondoliere hatte sowieso keine Chance. Der eine Schlag ging unweigerlich daneben, und der Gondoliere fuhr in seinem Boot weiter.

Eines Nachts, als die Ratte aus einer verschlossenen Gondel in einem engen Kanal Wurstgeruch roch, wagte sie sich an Bord. Der Gondoliere schlief unter einer Decke. Der Wurstgeruch entströmte einem Stück Papier neben ihm. Die Ratte fand die Überreste eines Sandwiches, fraß sich satt und schmiegte sich in einen groben, schmutzigen Stofffetzen. Die Gondel schaukelte sacht. Inzwischen war die Ratte ein ausgezeichneter Schwimmer. Oft war sie in Kanälen untergetaucht, wenn eine Katze so kühn gewesen war, sie dorthin zu verfolgen, und Katzen begeben sich nicht gern unter die Wasseroberfläche.

Ein dumpfes Geräusch weckte die Ratte. Der Mann hatte sich aufgerichtet und entrollte ein Seil. Die Gondel entfernte sich vom Gehsteig. Das beunruhigte die Ratte nicht. Sollte der Mann sie wahrnehmen und sich ihr nähern, würde sie einfach über Bord springen und der nächsten Steinmauer entgegenschwimmen.

Die Gondel überquerte den Canal Grande und fuhr in einen breiten Kanal zwischen Palästen, die in Hotels umgewandelt waren. Die Ratte erschnupperte das Aroma von frischem gebratenem Schweinefleisch, gebackenem Brot, Orangenschalen und den strengeren Geruch von Schinken. Etwas später bugsierte der Mann die Gondel zu den Treppenstufen eines Hauses, stieg aus und schlug mit einem breiten Ring an einer Befestigung gegen die Haustür. Vom Schandeck aus entdeckte die Ratte einen zerbröckelnden Abschnitt der Kaimauer, der ihr Halt bieten würde; sie sprang ins Wasser und schwamm auf die Stelle zu. Der Gondoliere hörte das Platschen, trat nach der Ratte und rief: »Aih, aih!«, und deshalb kletterte die Ratte nicht an der vorgesehenen Stelle an Land, sondern schwamm weiter, bis sie eine andere geeignete Stelle fand und trockenen Boden unter die Füße bekam. Der Gondoliere war bereits wieder damit beschäftigt, an die Tür zu klopfen.

An diesem Tag begegnete die Ratte einem Rattenweibchen – ein vergnüglicher Zeitvertreib in einer ziemlich feuchten Gasse hinter einem Kleidergeschäft. Es hatte gerade geregnet. Beim Weiterwandern traf die Ratte auf etwas, was fast eine Spur aus Sandwichresten, verstreuten Erdnüssen und harten Maiskörnern bildete, wobei sie Letztere verschmähte. Und plötzlich befand sie sich auf einer weiten, offenen Fläche. Es war die Piazza San Marco, wo die Ratte noch nie gewesen war. Die

Weite des Platzes konnte die Ratte nicht überblicken, aber sie spürte sie. Mehr Tauben, als sie je zu sehen bekommen hatte, liefen auf dem Pflaster zwischen Leuten umher, die ihnen Körner zuwarfen. Tauben segelten mit ausgebreiteten Flügeln herunter und landeten auf anderen Tauben. Popcorngeruch machte die Ratte hungrig. Aber es war heller Tag, und die Ratte wusste, dass sie vorsichtig sein musste. Sie hielt sich an die Ritze zwischen Pflaster und Gebäudemauern, stets bereit, sich in eine Einfahrt zu verdrücken. Sie stibitzte eine Erdnuß und knabberte daran, während sie weiterhinkte, ließ die Schale fallen, behielt die Nuss in der Schnauze und hob die zweite Hälfte der Erdnuss wieder auf, die einen zweiten Kern enthielt.

Tische und Stühle. Und Musik. Auf den Stühlen saßen nur vereinzelt Leute, alle in Mänteln. Auf dem Steinboden zwischen den Stühlen gab es alle möglichen Croissantkrümel, Brotkrumen und sogar Schinkenstückchen.

Ein Mann lachte und deutete auf die Ratte. »Schau nur, Helen!«, sagte er zu seiner Frau. »Schau dir diese Ratte an! Und das mitten am Tag!«

»Oh! Was für ein Geschöpf!« Das Erschrecken der Frau war nicht gespielt. Sie war an die sechzig und kam aus Massachusetts. Dann lachte sie, erleichtert, amüsiert und ein wenig furchtsam.

»Du lieber Himmel, sie haben ihr die Füße abgehackt!«, sagte der Mann fast im Flüsterton. »Und ein Auge fehlt auch! Schau dir das an!«

»Da haben wir was zu erzählen, wenn wir wieder zu Hause sind!«, sagte die Frau. »Gib mir die Kamera, Alden!«

Der Ehemann reichte sie ihr. »Nicht jetzt, der Kellner kommt.«

»Altro, signore?«, fragte der Kellner höflich.

»No, grazie. Ah, sì. Un caffellatte, per piacere.«

»Alden –«

Er wusste, dass er nicht mehr als zwei Tassen Kaffee täglich trinken sollte, eine morgens, die andere abends. Er hatte nur noch wenige Monate zu leben. Der Anblick der Ratte hatte ihn unternehmungslustig und unerwartet fröhlich gestimmt. Er beobachtete die Ratte, wie sie nur wenige Schritte entfernt nervös in dem Wald aus Stuhlbeinen herumschnüffelte, mit dem guten Auge Ausschau hielt und nach Krumen haschte, wobei sie die kleineren, minderwertigen, zertretenen verschmähte. »Jetzt, bevor sie wegläuft!«

Helen hob die Kamera.

Die Ratte spürte die Bewegung, die eine Bedrohung bedeuten konnte, und blickte auf.

Klick!

»Ich glaube, es hat geklappt!«, flüsterte Helen

und lachte so glücklich, als hätte sie gerade den Sonnenuntergang von Kap Sunion oder Acapulco fotografiert.

»In dieser Ratte«, begann Alden ebenfalls leise zu sprechen, bevor er verstummte und mit etwas zittrigen Fingern den Zipfel eines schmackhaften Würstchens von dem kleinen Butterbrötchen auf seinem Teller nahm. Er warf ihn der Ratte zu, die ein paar Schritte zurückwich und dann auf das Würstchen lossprang, es packte und fraß, wobei sie es mit einem Fuß, dem Stumpf, festhielt. Die Wurst verschwand im Handumdrehen; die feisten Bäckchen der Ratte kauten. »Diese Ratte besitzt wahren Mut!«, sagte Alden schließlich. »Stell dir vor, was sie durchgemacht haben muss. Wie Venedig selbst. Aber sie gibt nicht auf. Nicht wahr?«

Helen erwiderte das Lächeln ihres Mannes. Alden sah glücklicher, besser aus als seit Wochen. Sie freute sich. Sie war der Ratte dankbar. Dankbar, einer Ratte, man stelle sich vor, dachte sie. Als sie wieder hinsah, war die Ratte verschwunden. Aber Alden lächelte ihr zu.

»Wir werden einen herrlichen Tag erleben«, sagte er.

»Ja.«

Täglich wurde die Ratte stärker und kühner und

wagte sich auch tagsüber hinaus, doch sie lernte auch, sich besser zu schützen, sogar vor Menschen. Wenn jemand mit Besen, Stock oder Kiste ausholte, um sie zu zerschmettern, schnellte sie vor, wie zum Angriff, worauf der Jemand, egal ob Mann oder Frau, zurückwich oder gerade lange genug zögerte, dass die Ratte weglaufen konnte, in jede Richtung, sogar an dem Jemand vorbei, wenn dort der Fluchtweg lag.

Mehr Rattenweibchen. Wenn der Ratte der Sinn danach stand, konnte sie unter den Weibchen wählen, denn andere Männchen fürchteten sich vor ihr und ließen es auf keinen ernsthaften Kampf ankommen. Der schwerfällige, schaukelnde Gang und das böse einzelne Auge verliehen der Ratte etwas Bedrohliches, einen Ausdruck, der besagte, dass nur der Tod ihr Einhalt gebieten könne. Mit sieben Monaten bahnte sie sich ihren Weg durch das venezianische Labyrinth schaukelnden Schritts wie ein alter Kapitän, selbstsicher und mit dem Terrain vertraut. Mütter rissen ihre kleinen Kinder entsetzt an sich. Größere Kinder lachten und zeigten hin. Die Räude brannte in ihrem Magen und in ihrem Kopf. Manchmal wälzte sie sich auf den Pflastersteinen, um das Jucken zu lindern, oder sprang trotz der Kälte ins Wasser. Sie kontrollierte das Gebiet vom Rialto bis San Trovaso und ging in den Lagerhäusern auf dem Ponte Lungo am breiten Canale della Giudecca ein und aus.

Der Palazzo Cecchini lag zwischen dem Rialto und dem Landvorsprung, auf dem die Lagerhäuser standen. Eines Tages kehrte Carlo aus dem nahen Lebensmittelgeschäft mit einem großen Pappkarton zurück, in dem der Dalmatiner Rupert schlafen sollte. Rupert war erkältet, und Carlos Mutter machte sich Sorgen. Carlo erspähte die Ratte, die zwischen zwei Holzkisten mit Fisch und Eis vor einem Laden herausschlich.

Es war dieselbe Ratte! Ja! Carlo erinnerte sich lebhaft an die zwei abgetrennten Pfoten und das ausgestochene Auge. Carlo zögerte keine Sekunde lang, stülpte den Karton über die Ratte und setzte sich auf den Karton. Er hatte sie! Carlo blieb ruhig, aber entschlossen sitzen.

»He, Nunzio!«, rief Carlo einem vorbeikommenden Spielkameraden zu. »Hol Luigi! Sag ihm, er soll kommen! Ich habe eine Ratte gefangen!«

»Eine Ratte!« Nunzio hielt einen dicken Brotlaib unter dem Arm. Es war nach sechs Uhr, und es dunkelte.

»Eine ganz besondere Ratte! Hol Luigi!« rief Carlo noch nachdrücklicher, denn die Ratte warf sich gegen die Seiten des Kartons und würde bald zu nagen anfangen.

Nunzio lief los.

Carlo stieg von dem Karton hinunter, drückte den Boden ein und trat gegen die Seiten, um die Ratte vom Nagen abzuhalten. Sein großer Bruder würde beeindruckt sein, wenn er die Ratte festhalten konnte, bis Luigi kam.

»Was machst du da, Carlo, du bist hier im Weg!«, rief der Fischhändler.

»Ich habe eine Ratte! Ich habe ein Kilo Scampi dafür verdient, dass ich eine von Ihren Ratten gefangen habe!«

»*Meine* Ratten?« Der Fischhändler machte eine drohende Handbewegung, doch er war zu beschäftigt, um den Jungen wegzuscheuchen.

Luigi kam angerannt. Unterwegs hatte er ein Stück Holz aufgelesen, eine Latte von einer Kiste. »Eine Ratte?«

»Dieselbe Ratte, die wir schon mal hatten! Die ohne Füße! Ehrlich!«

Luigi grinste, legte die Hand auf den Karton und trat mit aller Kraft gegen die Seite. Er lüpfte den Karton leicht, das Holzstück erhoben. Die Ratte flitzte heraus, und Luigi schlug ihr auf die Schultern.

Die Ratte bekam keine Luft und hatte Schmerzen. Ein weiterer Schlag gegen ihre Rippen. Die Beine der Ratte bewegten sich im verzweifelten

Versuch zu entkommen, aber sie kam nicht auf die Füße. Sie hörte das Gelächter der Jungen. Sie wurde in dem großen Karton weggetragen.

»Komm, wir werfen sie die Treppe runter! Wir ersäufen sie!«, sagte Carlo.

»Ich will was sehen. Wenn wir eine Katze finden würden, könnten wir einen richtigen Kampf haben. Die schwarzweiße von –«

»Die ist doch nie da. Das Wasser steht hoch. Komm, wir ersäufen sie!« Der Salon unten an der Treppe faszinierte Carlo. Er träumte von Gondeln, die zur Tür hineinglitten und Fahrgäste absetzten, die in dem abscheulichen Halbdunkel ertranken, bis ihre Leichen den Marmorfußboden bedeckten und erst sichtbar wurden, wenn das Wasser verebbt war. Womöglich könnte das Erdgeschoss des Palazzo Cecchini eine weitere grausige Touristenattraktion Venedigs werden, so wie die Verliese hinter der Seufzerbrücke.

Die Jungen stiegen die Vordertreppe hinauf und betraten den Palazzo, dessen hohe Holztüren leicht offen standen. Ihre Mama sang in der Küche, wo das Transistorradio einen Schlager spielte. Carlo schloss die Tür mit einem Tritt, den ihre Mutter hörte.

»Kommt essen, Luigi, Carlo!«, rief sie. »Vergesst nicht, dass wir ins *cine* gehen wollen!«

Luigi fluchte, und dann lachte er. *»Subito, mamma!«*

Er und Carlo gingen die Treppe zum Erdgeschoss hinunter.

»Habt ihr den Karton bekommen?«, rief ihre Mutter.

»*Sì, sì* – gib mir das Holzstück!«, sagte Luigi zu seinem Bruder. Luigi ergriff das Holz und kippte gleichzeitig den Karton um. Er erinnerte sich an den Biß in sein Handgelenk; vor dieser Ratte fürchtete er sich. Die Ratte stürzte ins Wasser. Ja, es war die Ratte von damals! Luigi sah die zwei Beinstümpfe. Die Ratte sank sofort und spürte kaum den ungelenken Schlag, den Luigi mit dem Holzstück führte.

»Wo ist sie?«, fragte Carlo. Er stand in Socken und Sandalen im knöcheltiefen Wasser auf der untersten Treppenstufe.

»Sie taucht wieder auf!« Luigi, eine Stufe höher, hielt das Holzstück erhoben, um es zu werfen, wenn er die Ratte nach Luft schnappen sah. Die Jungen suchten mit dem Blick das dunkle Wasser ab, das jetzt wogte, weil ein Motorboot draußen vorbeigefahren war.

»Komm, wir gehen runter und scheuchen sie auf!« sagte Carlo mit einem Blick zu seinem Bruder, trat ins Wasser, das ihm bis zu den Knien reichte, und stampfte, um sicherzugehen, dass die Ratte nicht in seiner Nähe war.

»Luigi!«, kreischte die Mutter von oben. »Seid ihr da unten? Ihr kriegt eine Tracht Prügel, wenn ihr nicht sofort hochkommt!«

Luigi drehte sich um, offenen Mundes, um eine Antwort zu rufen, und sah, wie die Ratte mühsam von der obersten Treppenstufe in den ersten Stock des Hauses kletterte. *»Mamma mia!«*, flüsterte er und deutete hin. »Die Ratte ist nach oben geklettert!«

Carlo erfasste die Lage, obwohl er die Ratte nicht sehen konnte; er hob die Augenbrauen und stieg schweigend die Treppe hinauf. Sie durften ihrer Mutter nichts sagen. Sie würden die nasse Spur der Ratte verfolgen und die Ratte aus dem Haus schaffen müssen. Das wussten beide, ohne ein Wort zu wechseln. Als sie den Eingangsraum betraten, war von der Ratte nichts zu sehen. Sie schauten sich nach Spuren um, doch auf dem grauen und weißen Marmorfußboden waren keine Wassertropfen zu sehen. Zwei Salontüren standen offen. Die Tür der Toilette stand offen. Vielleicht war die Ratte sogar nach oben weitergeklettert.

»Kommt ihr endlich? Die Spaghetti werden kalt! Etwas Beeilung!«

»Sì, sì, subito, mamma!« Luigi zeigte auf Carlos

nasse Füße und deutete mit dem Daumen zum oberen Stockwerk, wo sich Carlos Kleidung großenteils befand.

Carlo schoss die Treppe hinauf.

Luigi warf schnell einen Blick in die Toilette. Sie konnten ihrer Mutter nicht sagen, was passiert war. Wenn sie erfuhr, dass eine Ratte frei herumlief, würde sie keinesfalls das Haus verlassen oder erlauben, dass die anderen ins Kino gingen. Luigi sah sich in einem der Salons um, wo sechs Stühle um einen ovalen Tisch standen und noch mehr Stühle neben Beistelltischchen an den Wänden. Er wartete – keine Ratte weit und breit.

Carlo kam. Gemeinsam gingen sie die Stufen zur Küche hinunter. Papa hatte seine Spaghetti schon fast aufgegessen. Danach gab es *bistecca*. Der verfettete Hund sah mit der Schnauze auf den Vorderpfoten zu. Das Wasser lief ihm im Maul zusammen. Er war wieder am Fuß des Kachelofens angebunden. Luigi sah sich heimlich in den Küchenecken nach der Ratte um. Vor Ende der Mahlzeit erschien Maria-Teresa, die Babysitterin, zwei Bücher unter dem Arm. Sie lächelte breit, knöpfte ihren Mantel auf und nahm das Kopftuch ab.

»Ich bin zu früh dran! Tut mir leid!«, sagte sie.

»Nein, nein! Setz dich! Nimm etwas von der *torta*!«

Zum Dessert gab es eine köstliche Pfirsichtorte. Wie sollte man da widerstehen, vor allem mit dem Appetit einer Siebzehnjährigen? Maria-Teresa setzte sich und nahm ein Stück.

Papa Mangoni nahm ein zweites Stück. Wie Rupert ging er allmählich aus der Form.

Dann brach die Familie eilig auf, das jüngste Kind auf Papas Arm, denn Papas Berechnungen zufolge würden sie bereits vier Minuten zu spät kommen, selbst wenn sie sich beeilten. Und Papa sah gern die Reklame vor dem Film und begrüßte seine Freunde.

Der Fernseher war aus dem Elternschlafzimmer in das Zimmer gebracht worden, in dem der zweimonatige Antonio wie aufgebahrt in einer hohen Wiege lag, mit weißen Spitzen bedeckt, die bis zum Fußboden hingen. Die Wiege hatte Räder. Maria-Teresa, die leise ein Lied summte, vergewisserte sich, dass das Baby schlief, schob die Wiege noch weiter vom Fernseher weg, der in einer Ecke stand, und schaltete ihn ein, den Ton leise gestellt. Die Sendung war mäßig interessant, und Maria-Teresa schlug einen ihrer Romane auf, eine Liebesgeschichte, die im amerikanischen Westen des neunzehnten Jahrhunderts spielte.

Als Maria-Teresa einige Minuten später den Blick auf den Bildschirm richtete, fiel ihr etwas

Graues auf, das sich in einer Ecke bewegte. Sie stand auf. Eine Ratte! Ein riesiges, grässliches Etwas! Sie bewegte sich nach rechts in der Hoffnung, das Tier zur offenen Tür zu ihrer Linken scheuchen zu können. Die Ratte näherte sich ihr langsam und unaufhaltsam. Sie hatte nur ein Auge. Eine ihrer Vorderpfoten fehlte. Maria-Teresa schrie vor Entsetzen leise auf und rannte selbst zur Tür hinaus.

Sie wollte nicht versuchen, das Tier zu töten. Sie verabscheute Ratten! Ratten waren Venedigs Verhängnis! Maria-Teresa lief zum Telefon im Eingangsraum unten. Sie wählte die Nummer eines nahe gelegenen Cafés, in dem ihr Freund arbeitete. »Cesare«, sagte sie, »ich muss Cesare sprechen.«

Cesare kam an den Apparat. Er hörte ihre Geschichte und lachte.

»Kannst du kommen? Die Mangonis sind im Kino. Ich bin ganz allein! Ich habe solche Angst, dass ich am liebsten aus dem Haus laufen würde!«

»Schon gut, ich komme!« Cesare legte auf. Er warf sich eine Serviette über die Schulter, grinste und sagte zu einem Kollegen: »Meine Freundin passt auf ein Baby auf, und in dem Haus ist eine Ratte. Ich soll sie erledigen!«

»Ha, ha!«

»Gute Geschichte! Wann kommst du zurück, Ces?«, fragte ein Gast.

Noch mehr Gelächter.

Cesare hielt es nicht für nötig, seinem Chef zu sagen, dass er für ein paar Minuten den Laden verließ, denn der Palazzo Cecchini lag nur eine Gehminute entfernt, wenn er sich beeilte. Vor dem Haus fand Cesare die Eisenstange von mehr als einem Meter Länge, mit der die Haustür von innen verriegelt wurde. Sie war schwer. Er trabte auf das Haus zu und stellte sich vor, wie er eine in die Enge getriebene Ratte mit der Stange erschlug und wie Maria-Teresa ihn dankbar mit ihren Küssen belohnte.

Statt des besorgten Mädchens, seiner Liebsten, das er mit einer innigen Umarmung und ermunternden Worten trösten wollte, bevor er sich das kleine Ungeheuer vornahm – stattdessen öffnete Cesare die Tür ein in Tränen aufgelöstes Mädchen, das vor Entsetzen zitterte.

»Die Ratte hat das Baby gefressen!«, sagte sie.

»Wie?«

»Oben –«

Cesare rannte mit der Eisenstange die Treppe hinauf. Er sah sich in dem fast leeren, steif möblierten Zimmer nach der Ratte um, suchte nach ihr unter dem großen Himmelbett.

Maria-Teresa kam herein. »Ich weiß nicht, wo die Ratte steckt. Schau dir das Baby an! Wir müssen einen Arzt rufen! Es ist passiert, als ich – mit dir telefoniert habe!«

Cesare blickte auf das erschreckend rote, blutverschmierte Kissen des Babys. Die ganze Nase des Babys – einfach grauenhaft! Es war keine Nase mehr da! Und die Wange! Cesare murmelte ein Stoßgebet und wandte sich wieder an Maria-Teresa. »Ist das Baby noch am Leben?«

»Ich weiß es nicht! Ja, ich glaube schon!«

Behutsam berührte Cesare mit dem Zeigefinger die kleine Faust des Babys. Das Baby zuckte und machte ein gurgelndes Geräusch, als erschwere ihm das Blut das Atmen. »Müssen wir es nicht auf die Seite legen? Leg ihn auf die Seite! Ich – ich rufe einen Arzt. Weißt du die Nummer eines Arztes?«

»Nein!«, sagte Maria-Teresa, die sich inzwischen auszumalen begann, was ihr dafür blühen würde, dass sie das hier zugelassen hatte. Sie wußte, sie hätte die Ratte aus dem Zimmer jagen müssen, statt Cesare anzurufen.

Nach einem vergeblichen Versuch, einen Arzt zu erreichen, dessen Namen er kannte und dessen Nummer er im Telefonbuch nachgesehen hatte, rief Cesare im größten Krankenhaus von Venedig an, und man versprach ihm, sofort Hilfe zu schicken. Die Ambulanz war ein Boot, das in etwa fünfzig Meter Entfernung am Canal Grande anlegte. Cesare und Maria-Teresa konnten den Motor des Schnellboots hören. Mittlerweile hatte Maria-Teresa dem Baby das Gesicht vorsichtig mit einem feuchten Waschlappen abgewischt, weil sie hoffte, ihm so das Atmen zu erleichtern. Die Nase war weg; man konnte sogar ein Stück Knochen sehen.

Zwei weißgekleidete junge Männer gaben dem Baby zwei Spritzen und flüsterten immer wieder: »*Orribile!*« Sie baten Maria-Teresa, eine Wärmflasche mit heißem Wasser zu füllen.

Cesares für gewöhnlich rosige Wangen waren blutleer, und ihm war, als müsse er gleich ohnmächtig werden. Er setzte sich auf einen der steifen Stühle. Von einer leidenschaftlichen Umarmung mit Maria-Teresa träumte er nicht mehr. Er konnte sich kaum auf den Beinen halten.

Die Krankenpfleger nahmen das Baby, samt Wärmflasche in eine Decke gewickelt, in ihrem Boot mit.

Cesare erholte sich ein wenig, ging in die Küche hinunter und entdeckte nach kurzem Suchen eine halbe Flasche Strega. Er schenkte zwei Gläser ein. Er hielt noch immer nach der Ratte Ausschau, konnte sie aber nirgends sehen. Die Mangonis würden bald zurückkommen, und er wäre lieber sonst wo gewesen – lieber bei seiner Arbeit –, aber er ermahnte sich, dass er Maria-Teresa beistehen müsse und dass sein Chef diese Entschuldigung akzeptieren würde. Ein Baby war fast umgekommen, inzwischen vielleicht tot – wer weiß?

Gegen zwanzig vor elf kam die Familie Mangoni nach Hause, und sofort herrschte Chaos.

Mama schrie wie am Spieß. Alle redeten gleichzeitig. Mama ging nach oben, um die blutverschmierte Wiege zu sehen, und fing wieder zu schreien an. Papa wurde erklärt, er solle im Krankenhaus anrufen. Cesare und die drei älteren Brüder sowie eine der Schwestern durchsuchten das ganze Haus, bewaffnet mit leeren Weinflaschen, Messern, einem Holzschemel aus der Küche und einem Bügeleisen, und Cesare hatte noch immer die Eisenstange bei sich. Keiner entdeckte eine Ratte, aber mehrere Möbelstücke bekamen versehentlich die eine oder andere Kerbe ab.

Maria-Teresa wurde verziehen. Wirklich? Papa hatte Verständnis dafür, dass sie ihren Freund in der Nähe angerufen hatte, um ihn um Hilfe zu bitten. Aus dem Krankenhaus erfuhr man, dass das Baby eine fünfzigprozentige Überlebensaussicht habe und dass die Mutter bitte umgehend ins Krankenhaus kommen solle.

Die Ratte war durch ein eckiges Abflussrohr am Boden der Küchenwand entwischt. Ihr Sprung hatte sie fast drei Meter tief in den Rio San Polo befördert, doch das machte ihr nichts aus. Sie schwamm mit kräftigen Stößen ihrer zwei gesunden Beine und ihrer Stümpfe und mit reiner Willenskraft zur nächsten Stelle, die Halt bot, und kletterte an Land, ohne dass ihre Energie nachließ. Sie schüttelte sich. Im Mund hatte sie noch immer den Geschmack von Blut. Sie war vor Panik über das Baby hergefallen und auch vor Wut, weil sie einfach keinen Ausweg aus dem verwünschten Haus gefunden hatte. Die Arme und Fäuste des Babys hatten schwach gefuchtelt, ihren Kopf und ihren Brustkorb berührt. Es hatte der Ratte ein gewisses Vergnügen bereitet, ein Mitglied der menschlichen Rasse anzugreifen, das genauso roch wie die ausgewachsenen Exemplare. Die Brocken zarten Fleischs hatten ihr den Bauch gefüllt und gaben ihr jetzt Energie.

Sie machte sich im Dunkeln mit ihrem schaukelnden Gang auf den Weg, hielt ab und zu inne, um an einem wertlosen Stück Fressbarem zu schnuppern oder sich mit einem Blick aufwärts oder einem Schnuppern der Richtung zu vergewissern. Sie war auf dem Weg zum Rialto, den sie nachts gefahrlos auf der Brücke überqueren konnte. Sie spielte mit dem Gedanken, in der Gegend um San Marco mit den vielen Restaurants eine Art formloses Hauptquartier zu errichten. Die Nacht war sehr finster, was Sicherheit bedeutete. Während sie dahinschaukelte, mit dem Bauch fast an den feuchten Steinen, schien ihre Kraft zuzunehmen. Einen neugierigen Kater, der es gewagt hatte, sich ihr zu nähern und sie zu beäugen, starrte sie zuerst an und attackierte ihn dann. Der Kater tat einen Luftsprung und verkroch sich.

Carlo Lucarelli

Eile mit Weile

Um 13.49 Uhr und 36 Sekunden stoppte die erste Carabinieri-Streife mit quietschenden Reifen vor der Bank und hinterließ einen strengen Geruch nach verbranntem Gummi. Die Sirene heulte noch, als Appuntato Baraghini und Brigadiere Miraglia aus den aufgestoßenen Türen stürzten und die Stufen des Eingangsbereichs hinaufstürmten, während fast im selben Augenblick die Hilfscarabinieri Fanelli und De Nicola aus dem zweiten, noch rollenden Wagen sprangen und sich mit gezückten Pistolen hinter der Motorhaube verschanzten, die Waffe mit beiden Händen nach vorn gerichtet, Daumen auf Daumen.

›Drei Minuten sechsundzwanzig‹, dachte Maresciallo Mozzi, der hinter den anderen her die Treppe hinaufjagte, mit raschem Blick auf seine Armbanduhr, ›viel zu lahm … der Bastard ist bestimmt schon über alle Berge.‹

Unterdessen war Anteo Nerozzi, genannt »Lumegha« oder die Schnecke, teils, weil er auf allen Dorffesten der Romagna leidenschaftlich gern Schnecken in Soße verzehrte, vor allem aber, weil er für alles immer so wahnsinnig lange brauchte, noch dabei, sich die Sturmhaube vom Kopf zu ziehen – unterm Arm die Tasche mit dem Geld, die Spielzeugpistole wieder eingesteckt –, während der einzige Angestellte, der sich zum Zeitpunkt des Überfalls noch in der Bank aufgehalten hatte, gefesselt und geknebelt auf einem Stuhl hinter der offenstehenden Tresortür saß, wobei es weniger an einer kriminellen Strategie gelegen hatte, dass es so spät geworden war: Lumegha hatte es einfach nicht geschafft, früher aufzustehen.

Um 13.50 Uhr und 12 Sekunden warf Brigadiere Miraglia einen eiligen Blick in den Tresorraum, registrierte im Bruchteil einer Sekunde den harmlos dastehenden Lumegha und rief dem Maresciallo zu: »Ist nicht mehr hier!«, worauf dieser auf dem Absatz kehrtmachte und zum Ausgang rannte, denn ihm war ein Gedanke durch den Kopf geschossen: ›Es führt nur eine Straße von hier zur Autobahn!‹ Und so brüllte er: »Schnell, vielleicht erwischen wir ihn noch!« und warf sich in den ersten Wagen, der im nächsten Moment losraste.

Unterdessen kam Anteo Nerozzi, genannt Lumegha, aus der Bank – unter dem Arm hielt er immer noch die Tasche, und aus der Jacke lugte die Sturmhaube –, und nachdem er stehen geblieben war, um die Bremslichter der Autos zu betrachten, die wie rote Blitze aufflammten, als sie in einem Wahnsinnstempo von der Auffahrt in die Straße einbogen, begann er sich das Hosenbein hochzukrempeln und versuchte sich zu erinnern, wohin er bloß die Klammer gesteckt hatte, mit der er die Kleidung vor der Kette des Fahrrads schützte, des Fahrrads, das an der Mauer der Sparkasse lehnte und das er für den Banküberfall benutzt hatte, weil er noch nie ein Auto besessen hatte, und einen Führerschein, nebenbei bemerkt, auch nicht.

Um 13.52 Uhr und 26 Sekunden wäre Maresciallo Mozzi um ein Haar aus dem Fenster geflogen, als er sich noch mitten im Bremsvorgang aus dem schwarzen Auto lehnte. »Ist nicht hier durch? Was soll das heißen, ist nicht hier durch?«, brüllte er die Beamten an, die hinter den blauen Streifenwagen, die die Straße blockierten, hervorkamen und ihm entgegenliefen. »Mist, ist der schnell! Dieser Bastard ist schon über alle Berge!« – also alle Mann in die Wagen und schnell wieder auf die Straße, während der Maresciallo sich das Funkgerät schnappte und im Tempo einer MG-Salve eine zweite Straßensperre anforderte, weil dieser Kerl schneller als der Blitz war, verdammt, unglaublich, wie schnell der war …

Unterdessen trat Anteo Nerozzi, genannt Lumegha, schwer in die Pedale und erreichte, sich aus dem Sattel stemmend und mit den Armen senkrecht zum Lenker, den obersten Punkt der leicht ansteigenden Straße wie in Zeitlupe, schließlich war jegliche Unebenheit für ihn bereits eine Steigung, und da fuhr man besser langsam und schaltete lieber einen Gang zurück, um sich nicht noch zusätzlich anzustrengen, denn auch wenn das hier vielleicht nur ein Buckelchen war, so war es doch steil wie eine echte Steigung, schließlich hatte er von dort oben eine gute Aussicht, bis ans Ende der Straße, wo weit, ganz weit hinten all diese Polizeiautos davonrasten, sie vorneweg und er radelnd hinterher, und da hatte er die Eingebung, dass sie ihn auf diese Weise, bei dieser seltsamen Verfolgungsjagd mit umgekehrten Vorzeichen, bei der die Verfolger vorneweg fahren und der Flüchtige hintendrein, niemals erwischen würden, und deshalb, Grundgütiger: wozu sich beeilen?

Also hielt er an, stieg vom Sattel, ging, das Fahrrad an der Hand, zu Fuß weiter und dachte bei sich: ›Ich glaub, ich schau mal auf einen Happen bei Linina vorbei. Heute ist Freitag, da gibt's Schnecken.‹

Giovannino Guareschi

Die Brandstiftung

Es war eine finstere Regennacht, als das alte Haus plötzlich zu brennen anfing.

Das alte Haus war ein verfallener und verlassener Bau, der auf einem Hügel stand, und die Leute fürchteten sich, an ihn heranzukommen – auch tagsüber –, da sie erzählten, er sei voller Schlangen und Gespenster. Das Merkwürdige war, dass das alte Haus nur aus einem großen Haufen Steine bestand, weil das Holz, auch das kleinste Stückchen, das vielleicht einmal übrig geblieben war, nachdem die letzten Bewohner das Haus verlassen und alles Brauchbare mitgenommen hatten, vom Wind und vom Regen zerfressen worden war. Trotzdem brannte der Steinhaufen jetzt wie ein Freudenfeuer.

Viele Leute verließen das Dorf und machten sich auf den Weg, um sich den Brand anzuschauen, und alle wunderten sich sehr darüber.

Auch Don Camillo kam heranspaziert und gesellte sich zu einem Häuflein Menschen, das im Begriffe war, den holprigen Steinweg zu betreten, der zum alten Haus führte.

»Es wird einer von unseren Revolutionären gewesen sein, der die Ruine mit Stroh gefüllt und sie dann angezündet hat, um irgendein bedeutendes Datum zu feiern«, sagte Don Camillo laut und ging mit großen Schritten der Gruppe voran. »Was sagt denn unser Herr Bürgermeister dazu?«

Peppone drehte sich nicht einmal um.

»Wie soll ich das wissen?«, murmelte er.

»Nun, als Bürgermeister müsstest du alles wissen«, erwiderte Don Camillo, der offensichtlich außerordentlich vergnügt war. »Ist vielleicht heute ein geschichtlicher Gedenktag?«

»Sagen Sie so etwas nicht einmal im Spaß, oder es wird morgen das ganze Land davon reden, dass wir diese verfluchte Geschichte veranstaltet haben«, unterbrach ihn Brusco, der zusammen mit den kommunistischen Häuptlingen neben Peppone ging.

Am Ende zweier Hecken, die ihn einsäumten, öffnete sich der Weg zu einer steinigen, armseligen Wiese, in deren Mitte der kleine Hügel stand, auf dem das alte Haus errichtet war. Es war ungefähr dreihundert Meter entfernt, und man sah die Steine wie eine Fackel brennen.

Peppone blieb stehen, und die Leute breiteten sich nach links und rechts aus.

Ein Windstoß brachte eine Rauchwolke heran.

»Das ist kein Stroh, es muss Benzin sein!«

Die Leute begannen, diesen merkwürdigen Umstand zu kommentieren, und jemand machte Anstalten weiterzugehen, wurde aber durch laute Zurufe aufgehalten.

»Keine Dummheiten!«

Nun waren gegen Kriegsende in der Umgebung Partisanengruppen entstanden und lange hier verblieben. Es war möglich, dass so eine Gruppe dort Benzinkanister versteckt hatte. Vielleicht war es auch gestohlenes Benzin und wurde von den Dieben in das alte Haus gebracht. Man kann nie wissen.

Don Camillo fing an zu lachen.

»Erzählt mir keine Märchen! Mir ist die ganze Geschichte verdächtig, und ich will mich mit eigenen Augen überzeugen, was da los ist.«

Entschlossen löste er sich von der Herde und ging schnellen Schrittes zur brennenden Ruine. Er hatte bereits etwa hundert Meter zurückgelegt, als ihn Peppone mit einigen großen Sprüngen einholte.

»Sofort zurück, Sie –«

»Mit welchem Recht mengst du dich in meine Angelegenheiten ein?«, erwiderte ungeduldig Don Camillo, schob seinen Hut nach hinten und stemmte seine großen Fäuste in die Hüften.

»Ich befehle es Ihnen als Bürgermeister! Ich kann es nicht gestatten, dass sich einer meiner Bürger so dumm der Gefahr aussetzt!«

»Was für einer Gefahr?«

»Riechen Sie denn nicht? Es ist ja ein Benzinlager! Gott weiß, welche Teufelei dahintersteckt?«

Don Camillo schaute ihn misstrauisch an.

»Was weißt du denn davon?«

»Ich? Ich weiß nichts, es ist aber meine Pflicht, Sie zu warnen, denn wo Benzin ist, könnte auch etwas anderes dabei sein.«

Don Camillo lachte auf.

»Ich habe verstanden. Weißt du, was los ist? Das Herz ist dir in die Hose gerutscht, und jetzt ärgerst du dich, dass deine Herde zusehen muss, wie ihr Chef von einem so armseligen reaktionären Pfäfflein wie Don Camillo in der Zivilcourage unterrichtet wird.«

Peppone ballte die Fäuste.

»Meine Leute haben mich im Partisanenkrieg im Gebirge am Werk gesehen und …«

»Jetzt ist es anders, Genosse Bürgermeister, man muss in der Ebene arbeiten. Im Gebirge kann man leicht den großen Helden spielen.«

Peppone spuckte sich in die Hände, atmete tief und ging entschlossenen Schrittes auf die brennende Stätte zu. Nach fünfzig Metern sprang Don

Camillo, der bis dahin mit gekreuzten Armen Peppone beobachtet hatte, auf und holte ihn ein.

»Halt!«, schrie er und fasste ihn am Arm.

»Was halt!«, schrie auch Peppone und riss den Arm los. »Gehen Sie lieber Ihre Geranien begießen. Ich gehe weiter. Wir werden sehen, wer Angst hat, Sie oder ich.«

Don Camillo hätte sich am liebsten auch in die Hände gespuckt, tat es aber nicht, da er sich daran erinnerte, dass er Erzpriester sei. Er beschränkte sich darauf, auch tief einzuatmen und die Fäuste zu ballen, und ging weiter.

Sie gingen Schulter an Schulter, Peppone und Don Camillo, und die Entfernung verringerte sich, und schon spürten sie die Hitze, und sie pressten die Zähne immer mehr aufeinander und ballten immer fester die Fäuste, während sie sich gegenseitig aus den Augenwinkeln beobachteten, und jeder von ihnen hoffte, dass der andere stehenbleiben werde, alle beide jedoch entschlossen waren, wenigstens einen Schritt mehr zu machen als der andere.

Achtzig, sechzig, fünfzig Meter.

»Halt!«, sagte eine Stimme, der man gehorchen musste. Und beide blieben im selben Augenblick stehen, drehten sich um und liefen wie Blitze davon.

In diesem Moment riss ein schrecklicher Donner die Stille entzwei, während das alte Haus in die Luft flog und sich wie eine Feuerblume entfaltete.

Sie kamen beide, mitten auf der Straße sitzend, zu sich, und keine Seele war weit und breit zu sehen, da alle wie Hasen zum Dorf geflüchtet waren.

Dann gingen sie schweigend Schulter an Schulter. Plötzlich murmelte Peppone:

»Warum habe ich Sie nur nicht weitergehen lassen? Es wäre besser gewesen.«

»Genau das denke ich mir auch«, antwortete Don Camillo. »Eine blendende Gelegenheit versäumt.«

»Hätte ich Sie weitergehen lassen«, fuhr Peppone fort, »hätte ich die Freude gehabt, den schwärzesten Reaktionär der Welt in die Luft fliegen zu sehen.«

»Ich glaube nicht«, antwortete Don Camillo, ohne sich umzuschauen. »Bei hundert Meter wäre ich stehen geblieben.«

»Warum?«

»Weil ich gewusst habe, dass in der Höhle unter dem alten Haus sechs Benzinkanister, fünfundneunzig Maschinenpistolen, zweihundertfünfundsiebzig Handgranaten, zwei Kisten Munition, sieben Maschinengewehre und dreihundert Kilo Dynamit lagerten.«

Peppone blieb stehen und schaute ihn mit weit aufgerissenen Augen an.

»Nichts Besonderes!«, erklärte Don Camillo. »Bevor ich das Benzin anzündete, wurde alles schön gezählt.«

Peppone ballte die Fäuste.

»Ich möchte Sie jetzt erschlagen!«, schrie er zähneknirschend.

»Das kann ich gut verstehen, Peppone, es ist aber nicht leicht, mich zu erschlagen.«

Sie gingen weiter, nach einer Weile blieb aber Peppone stehen.

»Aber … Sie haben also doch gewusst, wie gefährlich es war, und sind trotzdem bis auf fünfzig Meter herangegangen, und wenn man uns nicht aufgehalten hätte, wären Sie bestimmt weitergegangen …«

»Natürlich. Ich habe genauso alles gewusst, wie du alles gewusst hast«, erwiderte Don Camillo. »Unsere persönliche Eitelkeit war aber im Spiel.«

Peppone schüttelte den Kopf.

»Da ist nichts zu sagen, Kerle sind wir beide. Schade, dass Sie nicht zu den unseren gehören.«

»Genau so denke ich auch. Schade, dass du nicht zu uns gehörst.«

Vor der Pfarre trennten sie sich.

»Im Grunde genommen haben Sie mir einen Dienst erwiesen«, sagte Peppone. »Dieser ganze Laden oben im alten Haus lag mir auf dem Gewissen wie ein Damoklesschwert.«

»Langsam, langsam mit historischen Zitaten, Peppone«, antwortete Don Camillo.

»Und doch«, fuhr Peppone fort. »Sie sagen, es waren sieben Maschinengewehre und indessen waren es eigentlich acht. Wer wird denn das eine genommen haben?«

»Mach dir keine Sorgen«, antwortete Don Camillo. »Ich habe es genommen. Wenn eines Tages die proletarische Revolution ausbricht, dann halte dich im weiten Umkreis von der Pfarre.«

»Auf Wiedersehen in der Hölle!«, murmelte Peppone im Weggehen.

Don Camillo ließ sich vor dem Christus am Hauptaltar auf die Knie nieder.

»Ich danke Dir«, sagte er, »ich danke Dir, dass Du uns aufgehalten hast. Hättest Du nicht ›Halt!‹ gesagt, wäre daraus noch eine dumme Geschichte geworden!«

»Aber nein«, erwiderte lächelnd Christus. »Da du gewusst hast, wohin du gegangen bist, so wäre das ein Selbstmord gewesen und du wärst schon zurückgegangen, Don Camillo.«

»Ja, schon, aber man darf den eigenen Glauben

nie überschätzen. Die Eitelkeit ist manchem schon zum Verhängnis geworden.«

»Sag mir lieber, wie ist denn das mit dem Maschinengewehr? Hast du ein solch verhängnisvolles Zeug mitgenommen?«

»Nein«, antwortete Don Camillo. »Es waren acht, und acht sind in die Luft geflogen. Es ist aber gut, wenn die Roten denken, dass es hier ein Maschinengewehr gibt.«

»Gut«, sagte Christus. »Wenn's nur wahr wäre. Das Pech ist nur, dass du wirklich dieses verfluchte Werkzeug mitgenommen hast. Warum bist du so ein Lügner, Don Camillo?«

Don Camillo breitete die Arme aus …

Marco Vichi

Ich bin wieder da

Hallo?«

»Ich möchte gern mit Herrn Tombelli sprechen.«

»Am Apparat, und wer sind Sie?«

»Ciao Carlo, ich bin wieder da.«

»Mit wem spreche ich?« Er war leicht genervt, denn seine Frau war gerade dabei, die Pasta abzuschütten.

»Ich möchte dich besuchen, freust du dich etwa nicht?«

»Wie bitte?« Jetzt war er alarmiert.

»Jetzt tu bloß nicht so, als würdest du mich nicht erkennen.«

»Vielleicht haben Sie sich ja verwählt ...«

»Hier ist Giannino, du Arsch.«

»Welcher Giannino denn?«

»Ach, du erinnerst dich nicht? Gib dir gefälligst ein bisschen Mühe.«

Schweigen.

»Carlo, die Pasta wird kalt ... Wer ist denn dran?«

»Ach niemand, ich komme sofort.«

»Aha, du bist also verheiratet …«

»Ja.« Kaum mehr als ein Flüstern.

»Und bestimmt hast du auch Kinder.«

»Was willst du?« Kaum war ihm die Frage herausgerutscht, bereute er es schon.

»Na hör mal, Carlo, jetzt tu nicht so.«

»Entschuldige, ich wollte sagen …«

»Den Schmu können wir uns sparen! Du weißt genau, was ich will.«

»Ja.« Er schwitzte.

»Es ist noch da, oder?«

»Natürlich …«

»Das hoffe ich für dich. Es gibt immer noch Leute, die gern wüssten, wo es abgeblieben ist …«

»Es ist alles noch da.« Das war zwar gelogen, aber er konnte nicht anders.

»Aber du hast es doch hoffentlich nicht in der Tasche gelassen? Sonst kann ich mir jetzt den Hintern damit abwischen.«

»Na ja …«

»Was na ja?«

»Ich meine nein, ich habe es nicht in der Tasche gelassen.«

»Gut. Jetzt hör mir zu. Wir treffen uns morgen Vormittag auf dem Friedhof am Piazzale Donatello, um elf.«

»Aber morgen ist Sonntag –«

»Na und?«

»Ich hatte meiner Frau und den Kindern versprochen, dass wir –«

»Da wird dir schon eine passende Ausrede einfallen, wenn nicht, komme ich zu dir nach Hause. Ciao.«

»Warte!«

»Was denn noch?«

»Ich wollte sagen …« Er stockte.

»Was?«

»Ach nichts. Darüber reden wir morgen, in aller Ruhe.«

»Keine Tricks, sonst werde ich nämlich stinksauer.«

»Klar, du kannst dich auf mich verlassen.«

»Und sei pünktlich.« Er hängte ein.

Mit dem Hörer in der Hand stand Carlo mindestens eine Minute wie versteinert da. Sein Mund war so ausgetrocknet, dass die Zunge am Gaumen klebte. Vor seinen Augen spulte sich eine uralte Szene ab, jedes Bild so glasklar, als hätte sich alles gerade eben erst ereignet. Wie lange war das jetzt her?

Als er den Schlüssel umdrehte, merkte er, dass gar nicht abgeschlossen war. Schon seit Tagen schloss die Haustür nicht richtig. Wie lange wollte die Hausverwaltung eigentlich noch warten, bis sie endlich einen Schlosser bestellte? Pfeifend stieg er die Treppe hinauf. Er wohnte im obersten Stock eines Altbaus. Fünf Stockwerke, die man zu Fuß erklimmen musste, aber ihm machte das nichts aus. Auch wenn er von der Arbeit kam, fühlte er sich frisch und ausgeruht. Zum Glück musste er sich nicht so abschuften wie ein Arbeiter, aber seine acht Stunden, die machte er schon. Und er verdiente gut. Gerade hatte er sich einen königsblauen Fiat 850 angeschafft, mit allen Schikanen. Erst vor zehn Tagen hatte er ihn abgeholt. Sechzig Raten. Immer wenn er damit fuhr, musste er höllisch aufpassen, dass er sich nicht ablenken ließ, denn das blitzende Armaturenbrett zog seinen Blick magisch an. Zum Glück zahlte er relativ wenig Miete. Das Viertel war volkstümlich, und die Wohnung hatte keine fünfzig Quadratmeter. Schlafzimmer, Küche, Bad. Die bewohnte er allein, und fürs Erste ging das in Ordnung. Außerdem war über ihm nur noch das Dach, und das gefiel ihm. Hin und wieder ging er hinauf. Allerdings nie bei Tage. Dann nahm er die dunkle Treppe, die direkt vor seiner Wohnung begann. Oben setzte er sich auf die Dachziegel, rauchte eine Zigarette und blickte auf die Stadt hinab. In der Ferne sah man die mit Lichtern gesprenkelten Hügel. In solchen Augenblicken fühlte er sich mit der Welt im Reinen, und bei dem Gedanken an seine Eltern in der Ferne kamen ihm fast die Tränen. Nur dank ihnen hatte er zur Schule gehen und einen Beruf erlernen können. Sie hatten immer an ihn geglaubt, und diesem Vertrauen zu entsprechen war für ihn Ehrensache.

Im dritten Stock sah er wie immer zur Wohnungstür der Giannones hinüber und lächelte. Dort wohnte ein hübsches Mädchen aus Apulien, mit schwarzen Haaren und grünen Augen. Nicht allein, sondern mit ihren Eltern und Geschwistern. Sie war ungefähr neunzehn und hieß Maria. Wenn er ihr auf der Treppe begegnete, grüßten sie sich zwar, blieben aber nie stehen, um sich zu unterhalten. Doch irgendwann würde es schon klappen, da war er sich sicher. Dann würde er sie zum Essen einladen, und sie würde erfreut zusagen. Er stellte sich die Szene vor. Um Eindruck bei ihr zu machen, würde er sie mit seinem 850er nach Viareggio fahren, auch wenn es Winter war …

Als er seinen Treppenabsatz erreichte, hatte er schon den Schlüssel in der Hand und tat, was er immer tat, wenn er abends von der Arbeit kam. Er steckte den Schlüssel ins Schloss, öffnete die Tür, machte das Licht an ... Ein Stoß in den Rücken warf ihn zu Boden, und er landete kopfüber in der Diele. Dann hörte er, wie hinter ihm die Tür geschlossen wurde.

»Wenn du schreist, bist du tot.« Eine junge Stimme, ein wenig rauh. Ohne aufzustehen drehte Carlo sich um, das Herz schlug ihm bis zum Hals. Vor ihm stand ein junger Mann, etwa zwanzig, mit einer Pistole in der einen und einer Ledertasche in der anderen Hand. Etwa so groß wie er selbst, mit eckigem Kopf und Stoppelbart. In Arbeitshose und Wildlederjacke.

»Ist sonst noch jemand in der Wohnung?« Sein Blick war hart, aber auch erschrocken.

»Was willst du?«

»Ist sonst noch jemand da?«, wiederholte er, diesmal entschlossener.

»Nein.«

»Wo ist das Bad?«

»Die Tür da.«

»Komm mit.«

Carlo stand auf und betrat als Erster das Bad. Der andere stellte die Tasche auf einen Stuhl und forderte ihn auf, sich auf den Boden zu legen, die Hände überm Kopf. Carlo gehorchte. Der andere öffnete den Reißverschluss der Hose, ohne die Pistole wegzulegen, und pinkelte ausgiebig, wobei er vor Erleichterung seufzte. Dann zog er den Reißverschluss wieder hoch.

»Gehen wir.«

Carlo stand auf und führte den Unbekannten in die Küche. Im Waschbecken stand noch das schmutzige Geschirr.

»Setz dich.«

Carlo setzte sich. Der andere stellte die Tasche auf einen Stuhl und blieb stehen. Ohne die Pistole wegzulegen, öffnete er den Wasserhahn und trank gierig aus der hohlen Hand, als hätte er seit Wochen keinen Tropfen Wasser mehr gesehen. Dann öffnete er den Kühlschrank, holte ein Stück Käse heraus und biss hinein. Carlo rang nach Luft.

»Was willst du?«, brachte er schließlich hervor.

»Sei still.« Der andere aß den Käse auf und sah sich suchend in der Küche um. Dann griff er nach einer angebrochenen Weinflasche, goss sich ein Glas randvoll und trank es mit leuchtenden Augen in wenigen Schlucken aus. Dann setzte er sich Carlo gegenüber.

»Erwartest du Besuch?«

»Nein.«

Schweigen. Der Unbekannte fuhr sich mehrmals mit der Hand übers Gesicht, als müsste er eine wichtige Entscheidung treffen.

»Wie heißt du?«

»Carlo.«

»Und weiter?«

»Tombelli.«

»Was machst du beruflich?«

»Ich bin Kassierer.«

»Wo?«

»Bei der Monte dei Paschi.«

»Hm.« Er legte die Pistole auf den Tisch, ließ sie jedoch nicht los. Er sah nachdenklich aus. Unschlüssig schweifte sein Blick durch den Raum, kehrte jedoch immer wieder ruckartig zu Carlo zurück. Offenbar plagten ihn Zweifel. Schließlich reckte er das Kinn, als hätte er die Lösung gefunden.

»Hast du irgendwo Bindfaden?«

»In der Schublade.«

Der andere fand den Bindfaden und verschnürte damit die Tasche, erst längs, dann quer, bis das Knäuel aufgebraucht war. Ohne die Pistole wegzulegen, machte er mehrere Knoten und zog sie fest.

»Ich lasse die Tasche ein paar Tage hier … und du, du sagst kein Wort, zu niemandem.«

Schweigend und reglos saß Carlo da und versuchte, alles zu unterlassen, was den anderen nervös gemacht hätte.

»Hast du verstanden, was ich gesagt habe?«

»Ja.«

»Was, ja? Ich kann dich auch gleich umbringen,

wenn dir das lieber ist.« Er war ruhig, doch gerade deshalb umso furchterregender.

»In Ordnung … Ich verwahre die Tasche.«

»Und …?«

»Und sage keinem etwas davon.«

»Wenn ich herausfinde, dass du sie aufgemacht hast, gibt's Ärger.«

»Ich rühre sie nicht an.«

»Wenn du mitspielst, bezahle ich dich für deine Diente, wenn ich zurückkomme.«

»Häh?«

»Dreißig Millionen … nur für dich.«

»Für mich?«

»Mit dreißig Millionen kannst du ganz schön was machen.«

»Ja.«

»Komm, zeig mir mal deine Klamotten.« Sie gingen ins Schlafzimmer. Der Typ hatte die Tasche mitgenommen und schob sie unters Bett.

»Du tust einfach so, als wäre sie nicht da.«

»Klar.«

»Sehr gut.« Er inspizierte den Kleiderschrank und wählte ohne zu zögern einen braunen Anzug, der ziemlich elegant aussah. Er warf ihn aufs Bett, dazu noch ein weißes Hemd. Dann legte er die Pistole auf die Kommode und zog sich um, ohne Carlo auch nur einen Augenblick aus den Augen zu las-

sen. Er band sich eine Krawatte um und entschied sich für ein paar schwarze Schuhe, die sehr teuer gewesen waren. Jetzt sah er aus wie ein völlig anderer Mensch. Er zeigte auf seine alten Kleider, die zusammengeknüllt auf dem Boden lagen.

»Die wirfst du in den Müll.«

»Ja.«

»Ich gehe jetzt. In ein paar Tagen komme ich wieder, um die Tasche abzuholen.«

»Ist gut.«

»Du kannst eine Menge Geld verdienen, also mach keinen Blödsinn.«

»Ja.«

»Wenn du versuchst, mich reinzulegen, breche ich dir jeden Knochen einzeln, schneide dir die Eier ab und –«

»Ich werde mich hüten.«

»Lass mich gefälligst ausreden. Ich sagte ... Ich schneide dir die Eier ab und zwinge dich, sie aufzuessen. Außerdem bringe ich deine ganze Familie um. Verstanden?«

»Ja.«

Vor der Wohnungstür blieb er noch einmal stehen.

»Selbst wenn sie mich schnappen, früher oder später komme ich, um die Tasche abzuholen.«

»Ja.«

»Vergiss das nicht.«

»Nein.«

Der Mann steckte die Pistole in den Gürtel, öffnete die Tür und ging gemächlich die Treppe hinunter. Als Carlo die Tür hinter ihm schloss, spürte er, dass seine Beine zitterten. Er ging ins Schlafzimmer, legte sich aufs Bett und wartete, dass sein Herz wieder ruhiger schlug. Da fiel ihm plötzlich wieder ein, dass unter ihm die Tasche lag. Er beugte sich hinunter und warf vorsichtig einen Blick darauf. Dann streckte er eine Hand aus und zog sie heraus. Sie war schwerer als erwartet. Als er sie hochhob und schüttelte, machte sie ein dumpfes Geräusch. Er schob sie wieder unters Bett und legte sich wieder hin. Als das Telefon klingelte, nahm er nicht ab. Um die Zeit war es bestimmt seine Mutter. Aber er konnte jetzt nicht reden, er würde später zurückrufen. Er starrte an die Decke, die Arme an den Seiten und die Fäuste geballt. Dreißig Millionen. Nur dafür, dass er ein paar Tage lang eine Tasche verwahrte. Wie lange hätte er sonst gebraucht, um dreißig Millionen zu verdienen? Sehr lange. Damit konnte er eine Anzahlung für eine Wohnung leisten und für den Rest eine Hypothek bei der Bank aufnehmen, bei der er arbeitete. Jetzt hatte sich seine Aufregung gelegt. Auch wenn er inzwischen begriffen hatte, dass der Mann mit der Pistole zu den

Bankräubern gehörte, die am Morgen die Sparkasse an der Porta al Prato überfallen hatten. In seiner Bank hatte sich die Nachricht rasch herumgesprochen. Es hieß, es habe ein Blutbad gegeben.

Um acht schaltete er den Fernseher ein, um die Nachrichten zu sehen. Tatsächlich hatte es bei dem Überfall fünf Tote gegeben. Ein Kassierer, zwei Polizisten und zwei Bankräuber. Die Beute belief sich auf sechshundert Millionen Lire. Der dritte Bankräuber war mit dem Geld spurlos verschwunden. Die Polizei hatte einen gewissen Giannino Scifo im Verdacht, einen Cousin von Santo Di Cara, der als sein langjähriger Komplize galt und bei dem Überfall ums Leben gekommen war. Im Fernsehen wurde auch ein Foto gezeigt … Carlo erkannte ihn augenblicklich wieder. Außerdem passte die Beschreibung der Kleidung, der Gesuchte trug eine Arbeitshose und eine Wildlederjacke. Die Bevölkerung wurde aufgefordert, jeden zu melden, der Ähnlichkeit mit dem Flüchtigen hatte … Die hatten gut reden.

Er biss sich auf die Lippen. Die Kleider des Gesuchten lagen noch auf dem Boden, das Geld unterm Bett. Fünf Tote. Aber ihn traf keine Schuld, er hatte nichts verbrochen … Er musste nur auf die Tasche aufpassen und schweigen, sonst würde Giannino Scifo …

Der Sonntag war ein sonniger Tag. Während er gemächlich die Straße von Fiesole nach Florenz hinunterfuhr, dachte Carlo angestrengt darüber nach, wie er aus diesem Schlamassel herauskommen sollte. Es war kurz nach neun. Er war extra früh losgefahren, weil er allein sein wollte, um ungestört nachdenken zu können. Es war kaum Verkehr, nicht nur, weil Sonntag war. Viele Familien verbrachten das Wochenende schon am Strand. Sie hingegen fuhren erst ans Meer, wenn das Schuljahr zu Ende war, um die Kinder nicht allzu sehr vom Lernen abzulenken. Normalerweise machten sie im Frühjahr nur kurze Tagesausflüge und kamen abends wieder zurück. Eigentlich wären sie jetzt schon auf dem Weg nach Siena gewesen, aber diesmal …

Carlo wischte sich unentwegt den Schweiß von der Stirn. Am Abend zuvor hätte er sich fast mit seiner Frau gestritten. Nicht etwa weil sie seiner Ausrede misstraute, sondern weil sie nicht einsehen wollte, dass er sogar sonntags arbeiten musste. Die Ausrede, die er sich ausgedacht hatte, war vollkommen unglaubwürdig: ein informelles Arbeitstreffen mit dem Direktor der Bank, angeblich wegen äußerst dringender vertraulicher Angelegenheiten.

»Ich weiß, dass Sonntag ist, aber schau … Wenn

sie mich dabeihaben wollen, heißt das doch, dass ich für die Bank wirklich wichtig bin.« Das stimmte zwar nicht, aber tatsächlich bekleidete er dort einen einflussreichen Posten. Er verdiente viel, mehr als er sich je erträumt hatte. Aber richtig reich war er vor allem durch das Geld aus der Tasche geworden.

Nach besagtem Abend hatte er geduldig darauf gewartet, dass Scifo zurückkäme. Dann hätte er seine dreißig Millionen kassiert und damit eine Wohnung im Zentrum gekauft, vielleicht sogar im selben Viertel. Aber Giannino Scifo hatte sich nie wieder blicken lassen. Einen Monat später hatte man ihn verhaftet, ein purer Zufall. Carlo erinnerte sich noch genau an die Nachrichtensendung jenes Tages. Ein hoher Polizeibeamter hatte seine Frau zum Bahnhof gebracht, und während er zerstreut einen Blick in die Waggons warf, hatte er ein Gesicht gesehen, das ihm irgendwie bekannt vorkam. Daraufhin hatte er seinen Dienstausweis gezückt, den Zugführer angewiesen, den Regionalzug auf keinen Fall abfahren zu lassen, schnell im Polizeipräsidium angerufen und Unterstützung in Zivil angefordert. Dann waren sie zu acht eingestiegen, vier an beiden Seiten des Waggons. So konnten sie ihn fassen und abführen. Giannino hatte sich zwar einen Bart wachsen lassen und eine Sonnenbrille aufgesetzt, aber der Polizeibeamte erkannte ihn an der Kopfform. Carlo hatte den Fortgang der Geschichte in der Zeitung verfolgt. Giannino Scifo wurde zu dreißig Jahren Gefängnis verurteilt, auch wegen seiner Vorstrafen. Eine lebenslängliche Haftstrafe blieb ihm erspart, weil sein Anwalt problemlos beweisen konnte, dass er niemanden erschossen hatte. Aber die Beute wurde nicht gefunden, und dadurch verschlimmerte sich die Lage für den Angeklagten. Scifo sagte aus, er habe die Tasche vor lauter Panik in den Arno geworfen, aber der Staatsanwalt glaubte ihm kein Wort. Dreißig Jahre. Wenn er die abgesessen hätte, wäre er zweitausendzwölf entlassen worden ... Tatsächlich war er jedoch früher rausgekommen. Und jetzt?

Carlo parkte den Mercedes in der Nähe des Stadions und machte sich zu Fuß auf den Weg in Richtung Bahnüberführung. Er hatte Angst. Nicht nur vor Scifo. Ihn erschreckte vor allem die Vorstellung, all das längst vergangen Geglaubte könne plötzlich wieder hochkommen und die Unbeschwertheit seiner Familie gefährden. Plötzlich lebten all die Erinnerungen wieder auf, die er vor Jahren schon begraben hatte. Keinem hatte er je von dem Geld erzählt. Doch nach Scifos Verhaftung stand er vor der Frage, was nun aus der Tasche werden sollte. Schließlich hatte er die Schnur durchgeschnitten und die Tasche aufgemacht. Beim Anblick der vielen Geldscheine war ihm ganz schwindelig geworden. Natürlich konnte er das viele Geld nicht ewig in der Wohnung lassen, das hätte keinen Sinn ergeben. Aber er musste ziemlich lange überlegen, bis er eine Lösung fand.

Im Laufe von sechs Monaten eröffnete er bei verschiedenen Banken etwa zwanzig Girokonten und Sparbücher, sowohl in der Stadt als auch in der Umgebung. Dabei stellte keiner indiskrete Fragen, was ihn auch nicht weiter wunderte, denn er wusste, wie es um die Moral der Banken bestellt war: Geld schaut man nicht ins Gesicht. Sein Hauptproblem bestand eher darin, glaubwürdige Ausreden für sein häufiges Fernbleiben von der Arbeit zu erfinden. Er legte alles in Staatsanleihen und Obligationen an, ohne je auch nur eine Lira abzuheben. Danach wartete er noch ein halbes Jahr, bevor er anfing, das Geld auf drei Girokonten zusammenzuführen. Für die gesamte Operation brauchte er über ein Jahr.

Dann folgte der große Schritt: für zweihundert Millionen kaufte er ein altes Landhaus oberhalb von Fiesole und steckte noch einmal hundertfünfzig Millionen in die Renovierung. Den Rest des Geldes investierte er an der Börse. Es waren die goldenen Zeiten, als selbst die Aktien einer Lampenfabrik in die Höhe schossen. In zwei Jahren verdiente er eine Unmenge Geld. Davon kaufte er eine Wohnung in Marina di Massa, eine kleine Zwei-Zimmer-Wohnung in Paris in einer ruhigen Straße am Friedhof Père Lachaise, ein nicht allzu protziges Boot und einen Mercedes; und er engagierte eine Haushälterin für seine Frau. Na ja, bei all dem Geld war es sogar ein Kinderspiel, eine reiche Frau zu finden, die Tochter eines Anwalts aus Neapel. Ziemlich hübsch sogar, um ehrlich zu sein. Von seinen finanziellen Transaktionen hatte sie natürlich keine Ahnung. Das erste Kind bekamen sie erst nach ein paar Jahren, dann kurz danach noch zwei, ein Mädchen und noch einen Jungen. Wer dachte da noch an Giannino Scifo? Ab und zu vielleicht, aber immer nur äußerst vage …

Er überquerte die Bahnüberführung und bog in den Viale Mazzini ein. Ihm schwirrte der Kopf, wenn er an jenen Schwarzen Freitag zurückdachte, als die Börse zusammenbrach und ganz Italien auf einen Schlag ärmer wurde. Er musste das Boot und die Wohnung in Paris verkaufen, alles andere konnte er jedoch halten. Im Laufe der Zeit tätigte er weitere hochriskante Finanzaktionen und verlor dabei immer wieder Geld, eine Menge Geld, bis er zuletzt alles, was ihm noch blieb, in sichere Anlagen investierte. Arm war er beileibe nicht. Allein von seinem Gehalt konnte er mehr als gut leben. Seine Kinder hatten alles, was sie sich wünschten, und um den Haushalt kümmerte sich die philippinische Hausangestellte. Aber eine größere Summe aufzutreiben war fast unmöglich, selbst wenn er alles zusammenkratzte, seine Girokonten abräumte und die Wertpapiere verkaufte. Wie viel würde da zusammenkommen? Neunzig-, vielleicht hunderttausend Euro? Sechshundert Millionen alte Lire, wie viel Euro waren das wohl? Während er versuchte, das auszurechnen, lief ihm der Schweiß von der Stirn. Ein paar Hunderttausend, mehr oder weniger. Vierhunderttausend, vielleicht auch mehr. Aber Scifo konnte ja wohl schlecht eine Verzinsung seines Kapitals verlangen, das wäre doch zu absurd … Wie auch immer, dreihunderttausend Euro würde er in jedem Fall verlangen. Und die hatte Carlo zurzeit nicht flüssig. Dafür hätte er die Wohnung in Marina di Massa verkaufen müssen, aber allein den Gedanken empfand er als entwürdigend. Was würden die Leute denken? Dass Carlo Tombelli vor der Pleite stand? Ohne erkennbaren Grund kam ihm plötzlich wieder die schöne Apulierin in den Sinn, die damals in dem alten, schäbigen Haus im dritten Stock gewohnt hatte. Maria Giannone. Er hatte nie ein Wort mit ihr gesprochen, und als er nach Fiesole zog, hatte er sie rasch vergessen. Warum kam sie ihm ausgerechnet jetzt wieder in den Sinn?

Er war eine Stunde zu früh dran. Als er zum Lungarno kam, blieb er stehen, lehnte sich mit den Ellbogen auf die Brüstung und blickte auf die braunen Wassermassen hinunter, die ruhig dahinflossen. Aber es gelang ihm nicht, sich zu beruhigen. Er atmete einmal tief durch und kehrte um. An der Piazza Beccaria ging er in eine Bar und trank einen frisch gepressten Orangensaft, um den unangenehmen Geschmack der Angst loszuwerden. Während er an dem einzigen Tisch saß, starrte er ins Leere und malte sich das Treffen mit Scifo aus. Im Geiste ging er noch einmal alles durch, was er sich zurechtgelegt hatte, um diesen Gauner hinzuhalten. Er musste Zeit gewinnen. Dabei kam es vor allem auf die Worte an, er musste genau wissen, was er sagte. Doch hatte er überhaupt eine Chance? Er hoffte es. Reden konnte er ja. In zwanzig Jahren bei der Bank hatte er gelernt, wie man Menschen zu Dingen überredet, die sie eigentlich gar nicht wollen. Auch deshalb hatte er Karriere gemacht. Aber Scifo kam aus einer anderen Welt, und womöglich ließ er sich durch schöne Versprechen überhaupt nicht einwickeln. Jedenfalls musste er es versuchen, ihm blieb keine andere Wahl. Zu kneifen kam überhaupt nicht in Frage. Schließlich hatte er Familie, eine Frau und drei Kinder, die musste er schützen und vor allem Schrecklichen bewahren.

Beim Verlassen der Bar war er so in Gedanken, dass er zu bezahlen vergaß und der Besitzer ihn laut zurückrief. Mit hochrotem Kopf stammelte er eine Entschuldigung, machte kehrt und bezahlte die Rechnung am Tresen. Beim Hinausgehen spürte er die bohrenden Blicke im Rücken und hatte den Eindruck, dass alle ihn mit Verachtung straften. Dann machte er sich auf den Weg zum Friedhof am Piazzale Donatello. Zehn vor elf. Er würde pünktlich sein.

Von außen sah er den Friedhof fast jeden Tag, diesen mit dunklen Zypressen und Grabmälern besetzten Felsbuckel, der mitten auf der Allee wie ein Pilz aus dem Boden schoss. Aber hineingegangen war er erst ein einziges Mal, das war lange her, mit einem Mädchen, damals waren sie über die Mauer geklettert, an einer Stelle, wo der Zaun eine Lücke hatte. Er erinnerte sich noch daran, dass der Friedhof von innen wesentlich größer wirkte, als er immer dachte.

Sein Herz klopfte wie wild, als er jetzt zwischen alten, mit Moos bedeckten Grabmälern den leicht ansteigenden Weg hinaufging. Es war niemand da. In den stämmigen Zypressen zwitscherten die Vögel. Als er oben ankam, sah er sich um. Wie beim ersten Mal erschien ihm der kleine Felsen zehnmal größer, als er von außen aussah. Er hörte die Autos vorbeifahren, sah aber nichts. Merkwürdig. Man hatte das Gefühl, weit weg von der Stadt zu sein, und doch …

»Tombelli?«

Schaudernd drehte er sich um. Trotz der vielen Jahre, die inzwischen vergangen waren, erkannte er ihn sofort. Bis auf ein paar Falten hatte er sich kaum verändert. Nur an den Schläfen hatte er ein paar weiße Haare, und das Gesicht war etwas hagerer. Aber sein Blick hatte nichts Bestialisches.

»Seit wann bist du wieder draußen?« Carlo versuchte, ein bisschen Wärme hineinzulegen.

»Seit über einem Jahr. Ein paar Monate haben sie mich noch überwacht, dann aber rasch die Lust verloren.« Scifo trug Jeans und eine ziemlich abgewetzte Jacke und wirkte entspannt, obwohl er sich aufmerksam nach allen Seiten umsah.

»Und was hast du die ganze Zeit gemacht?«, fragte Carlo freundlich, so als wollte er sagen: ›Wieso bis du nicht gleich zu mir gekommen, mein Freund?‹

»Daran will ich lieber nicht mehr denken«, sagte Scifo lächelnd.

»Es tut mir leid –«

»Lass gut sein. Erzähl mir lieber, was aus dem Geld geworden ist.«

»Alles noch da. Als du verhaftet wurdest, habe ich es auf die Bank gebracht und es nie wieder angerührt.«

»Das heißt, du hast es auf die Bank gebracht und nichts weiter damit gemacht?«

»Was hätte ich denn tun sollen? Es war doch nicht mein Geld ...« Reglos standen sie sich gegenüber.

»Aber ich habe dafür im Knast gesessen.«

»Ich weiß, aber stell dir vor, ich hätte es falsch investiert und alles verloren.«

»Du hättest ja diese sicheren Dinger kaufen können ... Wie heißen die noch mal?«

»Staatsanleihen.«

»Ja, genau die.«

»Ich gebe zu, das habe ich manchmal auch gemacht und die Zinsen dafür behalten. War allerdings, ehrlich gesagt, nicht der Rede wert. Aber ich fand es nur gerecht. Immerhin habe ich dein Geld gerettet. Hätte ich es unter dem Bett gelassen, wäre es jetzt Altpapier.« Er blickte drein wie einer, der sich für einen Freund ein Bein ausgerissen hat. Ein kleines Vergehen zuzugeben war immer ein probates Mittel, um von einem größeren abzulenken, das hatte er bei seiner Arbeit in der Bank gelernt.

Scifo seufzte, und in seinen Augen erschien ein ironisches Flackern.

»Immerhin hast du ein schönes Haus …« Er sah Carlo scharf an, um sich nicht die kleinste Reaktion entgehen zu lassen.

»Das habe ich mir redlich verdient. Als Bankangestellter verdiene ich gut und komme leicht an günstige Kredite heran.« Jetzt redete er schon so wie mit seinen Kunden. Er versuchte, ganz locker zu wirken, was unter diesem bohrenden Blick jedoch nicht leicht war. Irgendwie musste er Zeit gewinnen.

»Also wie viel ist es?«

»Dreihunderttausend, ungefähr.«

»Scheiße, so gut wie nichts im Vergleich zu damals.«

»Ich finde, das ist eine ganze Menge.« Dreihunderttausend, die hätte er selbst liebend gern gehabt.

»Machen wir es kurz …«

»Okay.«

»Morgen gehst du zur Bank, hebst das Geld ab und bringst es mir.«

»Aber du willst doch wohl nicht etwa alles in bar?«

»Doch.«

»Ich kann aber nicht mit dreihunderttausend Euro in der Tasche herumlaufen.«

»Du bekommst die dreißig Millionen, die ich dir versprochen habe.« Fünfzehntausend Euro. Geradezu lächerlich, dachte Carlo.

»Sei doch vernünftig. Ich könnte das Geld auf ein Sparbuch einzahlen und –«

»Ich will es aber in bar.«

»Das ist doch auch in deinem Interesse. Willst du etwa mit einem Koffer voller Geld herumziehen?«

»Das ist meine Sache.«

»Egal was du vorhast, es gibt tausend andere Möglichkeiten, um –«

»Misch du dich da nicht ein.«

»Wie du willst.« Weiter zu insistieren war sinnlos, das sah man an Scifos Blick.

»Ich rufe dich morgen Abend um acht an, dann sage ich dir, wo wir uns treffen.«

»Das schaffe ich nicht, das Geld ist auf mehrere Banken verteilt. Gib mir ein paar Tage Zeit.«

»Wie lange brauchst du?«

»Bis Freitag müsste ich es schaffen.« Es schnürte ihm die Kehle zu, aber er versuchte, sich nichts anmerken zu lassen. Scifo überlegte einen Augenblick, dann reckte er das Kinn.

»Ich rufe dich am Samstag um Punkt zehn an.«

»In Ordnung.«

»Ich gehe jetzt. Du wartest besser noch einen Augenblick, man weiß ja nie.« Er verabschiedete sich mit einem kurzen Kopfnicken und schlug den Weg zum Ausgang ein. Er ging ruhigen Schrittes, wie einer, der gelernt hat, geduldig zu sein, seine weiten Hosenbeine flatterten im Wind.

Sobald er weg war, setzte sich Carlo mit schweißüberströmter Stirn auf eine Bank. Die Angst schnürte ihm das Herz zu. Er war so erschöpft, als hätte er in der prallen Sonne ein tiefes Loch ausgehoben. Und jetzt? Umgeben von den alten Grabmälern, die teilnahmslos dastanden, fühlte er sich einsamer denn je. Seiner Frau konnte er sich nicht anvertrauen … Was hätte er ihr auch sagen sollen? Es war ein Geheimnis, das er für sich behalten musste, ein Geheimnis, das nur ihn und Giannino Scifo etwas anging. Fünfundzwanzig Jahre waren ins Land gegangen seit jenem verfluchten Tag … das war doch schon gar nicht mehr wahr. Er hätte nie gedacht, Scifo noch einmal wiederzusehen. Aber er war wieder da und brachte alles ins Wanken, was er sich aufgebaut hatte. Was nun? Fast beneidete er die Toten da unten – die waren alle Sorgen los. Er versuchte nachzudenken. Und wenn er Scifo nun einen Deal anbot: hunderttausend Euro sofort, den Rest dann nach und nach … Wie lange würde das dauern? Fünfzehn Jahre?

Zwanzig? Und die ganze Zeit sollte er sich jeden Monat mit diesem Knastbruder abgeben? Allein der Gedanke daran schreckte ihn ab. Und wenn er die Wohnung in Marina di Massa verkaufte ... Wie viel würde er dafür wohl kriegen? Zweihunderttausend, vielleicht auch mehr. Und dann? Würde Scifo ihn wirklich irgendwann in Ruhe lassen? Oder ihn immer weiter erpressen?

»Vergiss nicht, früher oder später komme ich zurück, selbst wenn sie mich schnappen.«

»Ich weiß.«

Giannino steckte sich die Pistole in den Gürtel, öffnete die Tür und ging gemächlich die Treppe hinunter. Es war noch keine sieben, aber schon eine Weile dunkel. Der braune Anzug passte ihm nicht. Er spannte an der Schulter, und die Hose war zu kurz. Hatte er das Richtige getan? Er biss sich auf die Lippen. Aber was hätte er sonst tun sollen? Er konnte ja schlecht mit einer Tasche voller Geld herumlaufen. Er hatte lange hin und her überlegt, während er bei dem Typen in der Küche saß ... wie hieß er noch gleich? Tombelli, Carlo Tombelli. Der würde schweigen wie ein Grab, da war er sich sicher. Er hatte gelernt, die Menschen einzuschätzen, wenn er ihnen in die Augen sah. Der Typ war ein Angsthase, aber auch schlau wie ein Fuchs. Er würde die dreißig Millionen einstreichen und den Mund halten.

Er klaute ein Fahrrad und fuhr über Nebenstraßen bis in die Via di Ripoli. Das war ein Kinderspiel. Unterwegs begegneten ihm ein paar Autos der Polizei und der Carabinieri, aber weshalb sollten die einen Typen mit Krawatte anhalten, der seelenruhig in die Pedale trat? Hätte er eine große Tasche dabei gehabt, dann hätten sie vielleicht …

Er ließ das Fahrrad an einer Mauer stehen und ging zu Fuß weiter. Dann bog er in eine Einfahrt ein und ging in den dunklen Hinterhof, der zwischen zwei Häusern lag. Dort stand eine Garage, zu der er den Schlüssel hatte, ein sicherer Platz, an dem sie sich nach dem Überfall hatten gemeinsam verstecken wollen. Aber nun war er als Einziger übrig geblieben. Seine beiden Komplizen, Peppino Matrone und seinen Cousin Santo, hatten sie einfach abgeknallt wie tollwütige Hunde. Er hatte zusehen müssen, wie sie im Kugelhagel zusammengebrochen und blutüberströmt liegen geblieben waren. Dieses Bild stand ihm noch immer lebhaft vor Augen. Er zog die Rolltür hoch und ließ sie hinter sich wieder herunter. Dahinter befand sich ein leerer Raum mit drei Feldbetten, oben ein kleines Fenster zum Hof. Ein winziges Bad mit einem Duschabfluss im Boden und einer Lüftung. Außer-

dem diverse Vorräte, ein Rasierapparat, fünf Stangen Zigaretten und sogar ein kleiner Schwarzweiß-Fernseher, um sich auf dem Laufenden zu halten. Er schaltete ihn ein, setzte sich auf die Matratze und wartete auf die Nachrichten.

Die erste Meldung betraf die Roten Brigaden. Sie hatten jemandem in die Beine geschossen. Dann kam der Raubüberfall. Sechshundert Millionen. Fünf Tote. Ein Bankkassierer, zwei Polizisten und zwei Bankräuber. Der dritte war mit der Beute entkommen und spurlos verschwunden. Die Polizei verdächtigte einen gewissen Giannino Scifo, den Cousin eines der beiden Bankräuber, die bei dem Überfall erschossen worden waren. Scheiße! Da hatte er eben da draußen ziemlich viel riskiert. Sie suchten keinen Unbekannten, sondern ihn höchstpersönlich. Trotzdem erschauerte er vor Stolz. Es wurde auch ein Foto von ihm eingeblendet. Eine Aufnahme aus dem Gefängnis in Lecce, schon ein paar Jahre alt. Damals hatte er wegen Autodiebstahl gesessen. Ein Fiat 500. Doch nun war er kein kleiner Dieb mehr, der kleine Autos klaute.

Jetzt wusste er, dass es richtig gewesen war, die Tasche bei Tombelli zu deponieren. So war wenigstens das Geld in Sicherheit, und selbst wenn man ihn schnappte, konnte er es früher oder später abholen. Und überhaupt, wer sagte denn, dass sie ihn finden würden? Er musste nur alles richtig machen. Früher oder später würde Gras über die Sache wachsen, dann könnte er das Geld holen und irgendwo verstecken. Im Knast hatte ihm ein Sarde von einem Typen aus Livorno erzählt, der einen Griechen kannte, der Pässe fälschte wie kein Zweiter. Er war nicht billig, aber ein echter Künstler.

Mit ein bisschen Geduld würde er es schon schaffen. Dann würde er ins Ausland gehen und ein Leben ins Saus und Braus führen. Nach Spanien? Oder Portugal? Oder vielleicht sogar nach Übersee? Das hatte er noch nicht entschieden.

In dieser Nacht versuchte er erst gar nicht zu schlafen. Zu viele Gedanken gingen ihm durch den Kopf. All die Toten lagen ihm auf der Seele … auch der Kassierer und die beiden Polizisten. Drei Witwen und sieben Waisen. Aber den Überfall bereute er nicht. Was hätte er denn sonst tun sollen? Für einen Hungerlohn in einer Scheißfabrik arbeiten wie sein Vater? Das kam für ihn nicht in Frage. Lieber würde er sterben.

Einen Monat lang blieb er in der Garage, ohne auch nur einmal die Nase rauszustecken. Schon nach einer Woche verschwand der Banküberfall aus den Nachrichten. Allmählich wurde es Zeit, dieses Loch zu verlassen. Er hatte sich einen Bart wach-

sen lassen und sah völlig verändert aus. Er duschte ausgiebig, kämmt seine Haare anders, setzte eine Sonnenbrille auf und ging zu Fuß zum Bahnhof, mit der Pistole im Gürtel. Er kaufte eine einfache Fahrkarte nach Livorno. Er hatte keine Ahnung, wie lange er dort bleiben würde. In der Bahnhofshalle ging er an zwei Polizisten vorbei und sah ihnen seelenruhig direkt in die Augen. Die hatten ja keine Ahnung …

Mit einer Zeitung setzte er sich in den Wartesaal und stieg sofort ein, als der Zug einfuhr. Aus dem Lautsprecher wurde die Abfahrt angesagt, doch eine Viertelstunde später stand der Zug immer noch im Bahnhof. Warum in aller Welt war er nicht sofort ausgestiegen? Zumal ihm die Sache gleich verdächtig vorkam … Dann hatten sie sich zu acht auf ihn gestürzt, und bevor er sich's versah, lag er in Handschellen am Boden.

»Wie war die Besprechung?« Aus der Frage seiner Frau meinte er einen gewissen ironischen Unterton herauszuhören, vielleicht auch Feindseligkeit, aber er ging nicht darauf ein.

»Gut.«

»Hat es sich denn wenigstens gelohnt?«

»Sicher.«

Bedrückt ließ er den Blick über die teuren Möbel und die modernen Gemälde seines schönen Hauses schweifen und versuchte sich vorzustellen, was es bedeuten würde, das alles zu verlieren. Die Kinder saßen im Wohnzimmer vor der PlayStation, und der Kleinste heulte, weil er unbedingt mitspielen wollte.

»Was hast du denn? Du siehst aus, als kämst du gerade von einer Beerdigung.« Seine Frau stand in der Diele und trocknete sich die Hände an der Schürze ab. Wenn sie sonntags nicht ausgingen, kochte sie gern selbst, weil die Haushaltshilfe dann frei hatte.

»Ich habe ein bisschen Kopfweh, aber das geht gleich vorbei.« Er begrüßte die Kinder, doch als Antwort bekam er nur ein undeutliches Grummeln. Er ging ins Bad, um sich die Hände zu waschen. Aus dem Spiegel sah ihm ein Gesicht entgegen, das ihm gar nicht gefiel. Bloß keine Panik! Er musste die Ruhe bewahren und sich eine Lösung überlegen. Er konnte doch nicht einfach alles aufgeben, nur wegen diesem …

Bei Tisch gab er sich ausgesprochen fröhlich, übertrieb vielleicht sogar ein bisschen. Mit Grimassen und harmlosen Schimpfwörtern brachte er die Kinder zum Lachen, merkte aber, dass seine Frau ihm misstrauische Blicke zuwarf. Als er einen Ausflug nach San Gimignano vorschlug, erntete er lauten Protest, die Kinder brüllten wie im Chor, dass sie da doch gerade erst gewesen seien.

»Dann eben ins Chianti, eine Fahrt ins Blaue … Was meint ihr?«

»Au ja!«

»Gut. Abfahrt Punkt halb drei.« Er redete so viel mit den Kindern, weil er sich nicht traute, seiner Frau in die Augen zu sehen. Nur die Ruhe. Früher oder später würde sie einsehen, dass es überhaupt keinen Grund gab, ihn so kritisch zu beäugen.

Dann ging es endlich los. Die Kinder saßen hinten auf der Rückbank und tauchten sofort in ihre eigene Welt ab. Seine Frau war immer noch missmutig und sah schweigend auf die Straße, aber durch das Gemurmel der Kinder lockerte sich die Stimmung auf.

Es war herrliches Wetter. Auf der Chiantigiana kamen ihnen fast ausschließlich ausländische Wagen entgegen. Am Straßenrand blühten die Blumen, hier und da flatterte ein Schmetterling, und der Wald auf den Hügeln wirkte bei diesem Licht noch dunkler. Trotzdem gelang es Carlo nicht, Scifos Gesicht zu vergessen, ein Gesicht, das in seiner Welt nichts zu suchen hatte. Er konnte doch nicht sein ganzes Leben wegwerfen, alles wegen diesem Verbrecher, das war nicht gerecht. Da musste es doch eine andere Lösung geben.

»Nächste Woche will ich den Polsterer kommen lassen.« Seine Frau hatte offensichtlich beschlossen, das Schweigen zu brechen.

»Wozu?«

»Wegen der Polstergarnitur im Wohnzimmer.«

»Was ist denn damit?«

»Der kobaltblaue Bezug … ich kann ihn nicht mehr sehen. Was hältst du von einem schönen Purpurrot?«

»Ich versteh nicht, was du hast. Mir gefällt das Blau, außerdem haben wir sie doch erst letztes Jahr neu beziehen lassen.«

»Sei doch nicht immer so geizig …«

»Ich soll geizig sein? Allein für Parmesan gebe ich tausend Euro im Monat aus!«

Er lief rot an und begriff, dass er schon dabei war, die Dinge in einem anderen Licht zu sehen. Plötzlich war er nicht mehr der reiche Banker, der sich alles leisten konnte. Aber warum sollte die Polstergarnitur denn auch nicht blau bleiben? Als er merkte, dass seine Frau ihn schief ansah, hielt er ein Ausweichmanöver für angezeigt.

»Und sag so etwas nicht vor den Kindern.«

»Ich sage, was ich denke.«

Die Kinder riefen überdreht: »Papa ist geizig, Papa ist geizig!«

»Jetzt reicht's aber. Wenn ihr nicht sofort aufhört, wende ich auf der Stelle, und wir fahren schnurstracks nach Hause.«

Darauf der Größere: »Papa ist gei–«

Die Hand fuhr in die Luft hinter die Kopfstütze und traf das Mädchen im Gesicht, das sofort in Tränen ausbrach.

»Spinnst du? Wieso schlägst du denn das Kind? Komm her, Schatz, alles halb so schlimm …« Als seine Frau sich nach hinten beugte, um die Kleine zu trösten, heulte die nur umso lauter. Wie eine Sirene, die einem das Trommelfell zerreißt.

»Hör sofort auf zu heulen, verd–«

»Merkst du nicht, dass du sie damit nur noch mehr erschreckst?«

»Das ist ja unerträglich.«

»Papa, ich muss mal.«

»Was?«

»Ich auch.«

»Ich hab Durst.«

»JETZT IST ABER SCHLUSS! WENN IHR NICHT SOFORT RUHIG SEID, WERFE ICH EUCH ACHTKANTIG AUS DEM AUTO! VERDAMMT NOCH MAL!«

Schweigen. Nur das Brummen des Motors und das erstickte Jammern der Kleinen. Er hatte es geschafft, allen den Sonntag zu verderben. Aber es war nicht seine Schuld, schuld war dieser verdammte Scifo, der …

Im Gefängnis hatte er sich mit einem Typen aus Carrara die Zelle geteilt, einem gewissen Maggesa. Ein guter Typ, dem konnte man trauen. Der erzählte keinen Scheiß, das sah man an seinen Augen. Dieser Maggesa kannte einen Griechen, einen Schlepper, der Reisen nach Brasilien organisierte. Das war zwar nicht ganz billig, dafür aber sicher. Dafür sorgten Leute vom Zoll und ein Kapitän, der nicht so genau hinsah. Giannino plante, bald bei diesem Griechen vorzusprechen. Die Idee von Brasilien gefiel ihm. Da, wo es die schönsten Frauen der Welt gab, würde er ein neues Leben anfangen. Mit all den Millionen wäre er reich, und vor allem frei. Er war gerade mal sechsundvierzig, das war noch kein Alter.

Sechs Jahre waren ihm wegen guter Führung erlassen worden. Er hatte nie vorgehabt zu fliehen, denn wäre es schiefgegangen, hätte es lebenslänglich bedeutet. Deshalb wartete er lieber geduldig und tröstete sich mit dem Gedanken an die sechshundert Millionen. Jede Nacht, wenn er auf seiner Pritsche lag, malte er sich aus, wie er die Banknoten in Händen hielt. Doch im Lauf der Jahre kamen ihm tausend Zweifel. Er fragte sich, ob das Geld wohl immer noch in irgendeinem Schrank oder inzwischen auf der Bank lag.

Und wenn Tombelli sterben sollte? Oder sich

ins Ausland absetzte? Als der Euro eingeführt wurde, bekam er es mit der Angst. Nun hoffte er inständig, dass sein schönes Geld nicht mehr in der Tasche war, sonst hätte er bei seiner Entlassung nur noch Altpapier vorgefunden.

Zum Glück lebte Tombelli noch, und sein Geld war auch noch da … wenn auch nicht in Lire und zehnmal weniger wert als vor fünfundzwanzig Jahren.

Nach seiner Entlassung hatte er eine Notunterkunft in Lucca aufgesucht, weil er nicht wusste, wo er unterkommen sollte, und zurück in sein Heimatdorf im Süden wollte er auch nicht. Er hatte sogar Arbeit gefunden, bei einem Reifenhändler. Er wusste, dass er überwacht wurde, ließ sich aber nichts anmerken. Geduld, und noch mal Geduld. Aber bald war es so weit. In Kürze würde Tombelli ihm seine dreihunderttausend Euro bringen. Was blieb ihm als Familienvater denn auch anderes übrig? Käme die alte Geschichte ans Licht, hätte das schlimme Konsequenzen, und das wusste er selbst am besten. Klar, Tombelli würde ihm das ganze Geld zurückgeben … Was aber, wenn er ihn austricksen wollte? Er musste höllisch aufpassen. In einer solchen Situation konnte man gar nicht vorsichtig genug sein. Tatsächlich hatte Tombelli etwas an sich, was ihm gar nicht gefiel … als wäre sein Blick von einer Lügenpatina verschleiert. Aber vielleicht war er nur durcheinander, der Ärmste. Beinah bedauerte er, ihm einen Schreck einjagen zu müssen, aber es ging nicht anders. Er brauchte das Geld. Es war seins, dafür hatte er mit vierundzwanzig Jahren Gefängnis bezahlt. Er musste es nur nehmen und verschwinden. Und man würde nie mehr etwas von Giannino Scifo hören. Wie es wohl in Brasilien war?

»Ich geh schon …« Carlo rannte zum Telefon. Er wusste genau, wer anrief.

»Hallo?«

»Tag, Tombelli, alles klar?«

»Sicher.« Seine Stimme zitterte leicht.

»Jetzt hör mir genau zu.«

»In Ordnung.«

»Du steckst das Geld in einen Rucksack …« Um fünf sollte er zu Fuß den Weg einschlagen, der vom Monte Ceceri zu den Steinbrüchen von Maiano führte. Nach etwa einem Kilometer werde er auf der rechten Seite mitten im Wald eine verfallene Hütte sehen. Dort würden sie sich treffen. Wenn alles glattging, würde er nie wieder von ihm hören. Falls er aber versuchen sollte, ihn reinzulegen … Den Rest ließ er unausgesprochen, so dass Carlo sich selbst ausmalen durfte, was alles

Fürchterliches passieren könnte. Dann legte er auf.

Carlo keuchte. Die Stille erschreckte ihn noch mehr als Scifos drohende Stimme. Er dachte an die siebzigtausend Euro, die er von der Bank abgehoben hatte. Mehr war absolut nicht drin gewesen. Immerhin, siebzigtausend Euro, beileibe kein Pappenstiel. Das Geld hatte er im Kofferraum versteckt, im Golf seiner Frau, denn damit wollte er zu dem Treffen fahren. Als er sich vorzustellen versuchte, wie der Typ wohl reagieren würde, wenn er das Geld kontrollierte, wurde ihm eiskalt vor Angst. Nur die Ruhe. Bestimmt würde alles glattgehen. Er fände schon die richtigen Worte, und Scifo würde das Geld nehmen, ohne Stunk zu machen. Das war durchaus denkbar.

Mit der gebotenen Zerknirschung verkündete er seiner Frau, um vier müsse er wieder zu einer informellen Sitzung mit seinem Direktor. Doch bevor sie etwas entgegnen konnte, beschwichtigte er sie: »Ich komme so früh wie möglich zurück, dann gehen wir alle zusammen essen oder ins Kino … oder beides. Versprochen.«

Heimlich brachte er dann den Rucksack, eine Baseballkappe und ein paar Wanderklamotten in die Garage und versteckte sie im Golf. Den Rest des Vormittags spielte er mit den Kindern im Garten. Das machte er sonst nie. Die drei wilden Teufel hatten ja keine Ahnung, dass ihr Papa sie beschützte, sie immer beschützen würde. Dass die Welt schlecht und gefährlich war, sollten sie erst gar nicht erfahren.

Beim Mittagessen brachte er kaum einen Bissen runter, machte aber unentwegt Witzchen und alberte derart herum, dass die Kinder kaum mehr Luft bekamen vor Lachen. Seine Frau musterte ihn besorgt und machte ein Gesicht, als läge ihr eine Frage auf der Zunge, die sie nicht zu stellen wagte.

Kurz nach drei warf er sich in Schale, verabschiedete sich lächelnd von den Kindern, küsste seine Frau auf den Mund und ging mit seiner schwarzen Ledertasche die Innentreppe zur Garage hinunter. Dort stieg er in den Golf und fuhr los. Obwohl er innerlich Höllenqualen litt, lenkte er den Wagen scheinbar in aller Ruhe.

Es war ein schöner Tag Ende Mai, schon ziemlich warm. Unterwegs war kaum Verkehr. Er dachte an die gutbesuchten Strände der Versilia und wünschte sich nichts sehnlicher, als selbst dort zu sein, in der Sonne, vor sich das Meer, das mit leisem Gemurmel ans Ufer schlug. Er konnte es kaum erwarten, sein normales Leben wiederaufzunehmen. Die ganze Geschichte kam ihm vor wie ein Alptraum. Aber der würde früher oder später zu Ende sein.

Er kam an die Kreuzung, wo es zum Monte Ceceri ging, fuhr aber weiter in Richtung Florenz. Ohne besonderen Grund wollte er lieber untenherum fahren. Das schien ihm besser. An der Kurve von Regresso bog er links ab. Er parkte an einer Stelle, wo die Straße breiter wurde, etwa hundert Meter vom Steinbruch von Maiano entfernt. Hier war weit und breit kein Haus zu sehen, folglich konnte ihn auch niemand beobachten. Er rückte auf den Beifahrersitz hinüber und zog sich rasch um. Jeans, T-Shirt und Turnschuhe. Außerdem Sonnenbrille und Baseballkappe. Mit zitternden Händen stopfte er das Geld in den Rucksack.

So ausgerüstet, nahm er den Weg in Richtung Steinbruch. In dieser Verkleidung würde ihn kein Mensch erkennen. Nicht einmal seine Kinder. Er hätte leicht als amerikanischer Tourist durchgehen können. Hinter dem Steinbruch führte der Weg einen Hügel hinauf. Es war erst zwanzig vor vier. Aus den Baumkronen war aufgeregtes Vogelgezwitscher zu hören, in den Büschen raschelten die Amseln. Bald beschleunigte er den Schritt, und gegen vier sah er die verlassene Hütte im Wald. Mit schweißnassem Gesicht folgte er weiter dem Weg. Er gelang ihm nicht, Ruhe zu bewahren. Um fünf hatte er eine Verabredung mit einem Bankräuber, der geradewegs aus dem Gefängnis kam … Das allein reichte schon, um ihn vollkommen fertigzumachen.

Zweihundert Meter vor dem Gipfel verließ er den Weg und suchte sich ein Versteck zwischen den Bäumen. Er setzte sich auf den Boden und lehnte sich an den Stamm einer Zypresse. Nichts zu tun, einfach ohne besonderen Grund den Wald zu betrachten, das war ihm fremd. Wäre diese verdammte Geschichte nicht gewesen, hätte er vielleicht sogar das Naturschauspiel genießen, seinen Gedanken freien Lauf lassen können. Wer hätte gedacht, dass er eines schönen Tages mit einem Rucksack voller Geld in diesem Wald sitzen würde? Es war absurd, aber da musste er durch. Wenn Scifo nun auspackte, wenn die ganze Wahrheit herauskäme … Das wollte er sich nicht einmal vorstellen. Wie viele Minuten würde ihm seine Bank gewähren, um auf der Stelle das Feld zu räumen? Was würde seine Frau dazu sagen? Und die Kinder? Er musste seine Familie und sein Leben schützen, um jeden Preis. Musste zahlen und zahlen … aber wie lange?

Um zehn vor fünf kehrte er auf den Weg zurück und machte sich langsam an den Abstieg. Sein Herz schlug so heftig, dass er das Pochen der

Adern auf dem Handrücken spürte. Keine Panik! Bald war alles vorbei. Er ging durch den dichten Wald und näherte sich der verfallenen Hütte. Von weitem sah sie viel kleiner aus. Wahrscheinlich hatte man hier früher Holz und Arbeitsgeräte gelagert. Irgendwann vor langer Zeit waren eine Wand und ein Teil des Daches eingestürzt. Er warf einen Blick hinein, aber es war niemand da. Jetzt war es eine Minute vor fünf. Er sah sich um und lauschte. Die Minuten vergingen, zogen sich unendlich in die Länge, aber es war immer noch niemand zu sehen. Bei dem Gedanken an die siebzigtausend Euro, die er auf dem Rücken hatte, überlief es ihn kalt. Und wenn Scifo nun durchdrehte? Für einen, der geradewegs aus dem Knast kam, war es doch ein Klacks, einen anderen zu erwürgen oder abzustechen.

Er sah andauernd auf die Uhr und hielt dabei nach allen Seiten Ausschau. Es war schon Viertel nach fünf, als er im dichten Wald endlich eine menschliche Gestalt erspähte, die langsam näher kam. Für ein paar Sekunden verschlug es ihm den Atem. Als er Scifo erkannte, war er fast erleichtert: Ein Unbekannter hätte ihm wesentlich mehr Angst eingejagt. Während er auf ihn zukam, ließ der Ganove ihn nicht aus dem Augen und bedeutete ihm, keinen Mucks zu tun.

Dann standen sie sich Auge in Auge gegenüber. Scifo zeigte auf das Loch in der Wand, und sie gingen hinein. Der Boden war mit Schutt bedeckt, und durch das eingestürzte Dach sah man ein Stück Himmel und einen Baumwipfel. Der Rucksack wurde übergeben. Scifo machte ihn auf und wühlte darin herum.

»Dreihunderttausend?«, hauchte er.

»Hör mal ... Das war unmöglich ... Ich habe Obligationen verkauft ...« Es hatte keinen Sinn, ihn anzulügen, ja es war sogar gefährlich.

»Wie viel ist es?« Er war sichtlich verärgert.

»Um an eine größere Summe Bargeld zu kommen, brauche ich mehr Zeit, das geht nicht so einfach –«

»Wie viel ist es?«

»Siebzigtausend. Aber nächste Woche –«

»Willst du mich verarschen?«

»Ich schwöre, ich werde dir alles geben, das musst du mir glauben.«

»Ich mach dich fertig, du Schwein!«

»Ich schwöre, ich –«

»Ich will den Rest, und zwar bis morgen!«

»Gib mir noch eine Woche Zeit.«

»Eine Woche?« Seine Augen flackerten erregt.

»Vertrau mir.«

»Vierundzwanzig Jahre habe ich im Knast gesessen, und jetzt kommt ein Scheißkerl wie du daher –«

Es dauerte nur ein paar Sekunden. Scifo ließ den Rucksack fallen, packte Carlo so heftig am Pullover, dass er ihm sogar ein paar Brusthaare ausriss. Carlo schrie auf und stieß ihn instinktiv zurück, Scifo stolperte, fiel nach hinten und schlug mit dem Kopf auf einen Stein. Einen Augenblick war er benommen. Als er sich gerade wieder hochrappeln wollte, hatte Carlo plötzlich einen großen Stein in der Hand und schlug ihm damit mitten ins Gesicht. Er hörte einen Knochen knacken, und der Stein rollte zu Boden. Scifo stöhnte. Aus der zerschmetterten Nase und von der Stirn tropfte Blut. Am ganzen Körper zitternd, sah Tombelli ihn an. Er fühlte sich merkwürdig … Alles kam ihm unwirklich vor. Plötzlich sah er, wie Scifo eine Hand bewegte. Dieser Halunke durfte auf keinen Fall … Er hob einen Felsbrocken hoch und ließ ihn auf Scifos Kopf niedersausen, wobei er das Gesicht abwandte, um die Folgen seiner Tat nicht mit ansehen zu müssen. Er suchte an der Wand Halt, starrte durch das kaputte Dach in den Himmel hinauf und versuchte, das Krachen des berstenden Schädels aus seinem Kopf zu verdrängen. Er ließ eine Minute verstreichen. Sobald er ruhiger wurde, wischte er sich die Hände an der Hose ab. Er nahm den Rucksack und ging, ohne sich noch einmal umzudrehen. Um sicherzugehen, kontrollierte er im Sonnenlicht seine Kleidung, fand aber keine Spur von Blut. Während er den Weg hinunterging, schaute er sich neugierig um. Er dachte an nichts. Er fühlte sich leicht. Hatte das Gefühl, sich in einem Traum zu bewegen.

Eine halbe Stunde später erreichte er das Auto. Unterwegs war ihm keine Menschenseele begegnet. Er setzte sich auf den Beifahrersitz und wechselte die Kleider. Er band sich die Krawatte um, fuhr sich mit den Fingern durch die Haare, nahm Brille und Baseballkappe ab. Dann sah er auf die Uhr am Armaturenbrett. Es war gerade sechs. Er konnte jetzt ohne Eile nach Hause fahren. Er hatte das Bedürfnis, die Dinge in aller Ruhe zu machen. Langsam fuhr er die Via del Salviatino hinunter, bog in den Viale Righi ein und fuhr schließlich über San Domenico nach Fiesole hinauf. Er hatte seine Familie vor einer Katastrophe bewahrt. Seine Kinder würden ungestört aufwachsen. Nie würde jemand den Tod des Bankräubers mit Carlo Tombelli, Finanzberater bei der Monte dei Paschi di Siena, in Verbindung bringen. Alles sah nach einer Abrechnung unter Kriminellen aus.

Als er zu Hause ankam, öffnete er mit der Fernbedienung das Tor, fuhr den Wagen in die Garage und parkte ihn neben dem Mercedes. Am Montag würde er zur Bank gehen und die siebzigtausend Euro einzahlen. Er ging die Innentreppe hinauf und kam in die Diele. Als er die Stimmen der spielenden Kinder hörte, wurde ihm ganz warm ums Herz. Er ging den Flur hinunter.

»Liebling … Ich bin wieder da.«

Alberto Moravia

Der falsche Zehntausender

Ich überquerte gerade die Piazza Risorgimento, als ich hörte, wie mich jemand rief: »Junger Mann, was treibst du denn so?« Das war Staiano, ein Freund aus früheren Zeiten, als wir zusammen Zigaretten auf dem Schwarzmarkt in der Via del Gambero verkauften. Er war herausgeputzt, das sah ich sofort; und als ich ihm sagte, dass ich nichts täte, mich aber gleichwohl nicht wirklich arbeitslos nennen könnte, da ich nie einen Beruf gehabt hätte, fasste er mich unter dem Arm und sagte zu mir, er sei bereit, mich ohne viel Mühe tausend oder zweitausend oder gar dreitausend Lire am Tag verdienen zu lassen. Ich fragte ihn, wie, und darauf holte er weit aus. Er sagte, die Zeiten seien hart und es gebe sehr viele Menschen, die, obwohl sie einen Beruf hätten, nicht wüssten, wie sie durchkommen sollten. Er sagte, in Zeiten wie diesen würden die Menschen sich in zwei Kategorien aufteilen: in jene, die Mut hätten, und in jene, die keinen hätten; und die einen würden letzten Endes immer erreichen, was sie wollten, während die anderen immer die Dummen seien. Er sagte, er sei sicher, ich gehöre zur ersten Kategorie, weil er mich in früheren, nicht weniger harten und schwierigen Zeiten kennengelernt habe. Er sagte, der Vorschlag, den er mir zu machen habe, würde mich vielleicht überraschen, doch ich solle ihn nicht unterbrechen, ich solle nichts sagen außer ja oder nein. Ich hatte ihn reden lassen und dachte unterdessen, das müsse ja ein sehr merkwürdiger Vorschlag sein, denn so viele Vorsichtsmaßnahmen waren wahrhaft ungewöhnlich bei ihm. Schließlich schwieg er, und ich fragte ihn, um was es sich denn handele. Er erwiderte sofort: »Es handelt sich darum, Geld auszugeben.« – »Geld ausgeben?« – »Ja, ich gebe dir zum Beispiel einen Fünftausendlireschein … Du ziehst los, peilst die Lage an und bezahlst dann, sagen wir, einen Kaffee oder eine Schachtel Zigaretten … Und den Rest, den bringst du mir dann … und ich geb' dir ein Drittel vom Rest.« – »Ein Drittel in echten Lire?«, unterbrach ich ihn, um ihm zu zeigen, dass ich begriffen hatte. »Echte, das ist doch klar … Für wen hältst du mich?« – »Und wenn sie merken, dass der Schein falsch ist?« – »Kein Problem … Du sagst sofort, du wüsstest, wer ihn dir gegeben hat, tust ganz entrüstet und nimmst ihn zurück.« Ich wollte erwidern: »Du spinnst wohl, kommt ja gar nicht in

Frage«; stattdessen, ich weiß auch nicht wie, kam aus meinem Mund: »Na gut … einverstanden.« Was danach geschah, wüsste ich gar nicht zu sagen, so sehr wunderte ich mich über mich selbst, dass ich mich darauf eingelassen hatte und mich auch weiter darauf einließ. Kurz und gut, er gab mir einen Zehntausendlireschein und sagte, er wolle mich auf die Probe stellen; und er bestellte mich für acht Uhr abends in die Gärten an der Piazza Risorgimento. Es war zwei Uhr nachmittags.

Da stand ich nun, mit einem falschen Zehntausendlireschein in der Tasche und der Hoffnung, einfach so, zum Spaß, mehr als dreitausend echte Lire zu verdienen. Ich fühlte mich mit einem Mal reich und zeitlich ungebunden, als hätte ich nicht nur einen Nachmittag vor mir, sondern eine Woche oder einen Monat, und würde mich amüsieren können, so viel ich wollte, bevor der Moment kommen würde, den ich noch in weiter Ferne sah, da ich mich entscheiden würde, den falschen Geldschein einzuwechseln. Außer den zehntausend Lire von Staiano hatte ich noch ungefähr fünfzehnhundert echte Lire in der Tasche und dachte, von nun an könnte ich mich auch mal gehenlassen, solange mir zwei- bis dreitausend Lire pro Tag für wer weiß wie lange Zeit sicher waren. So ging ich direkt in eine nahe gelegene Osteria an der Piazza dell'Unità und bestellte, nachdem ich lange von Reisklößchen und belegten Broten gelebt hatte, zum ersten Mal eine komplette Mahlzeit: Spaghetti, Lammbraten und einen Liter Wein. Als ich bezahlen wollte, dachte ich einen Augenblick daran, den falschen Schein einzuwechseln, doch dann sagte ich mir, das wären dann dreihundert Lire weniger, die ich von Staiano bekommen würde, und hob ihn mir für irgendeine Kleinigkeit auf, Kaffee oder Zigaretten, wie er mir geraten hatte, und ich bezahlte mit dem echten Geld. Ich schob mir einen Zahnstocher zwischen die Zähne und ging auf die Via Cola di Rienzi hinaus, die Hände in den Hosentaschen.

Es war Frühling, der Himmel war voller weißer Wolken, die Luft mild, und von Zeit zu Zeit gab es einen Strichregen, aber gleich danach kam die Sonne wieder heraus. Beim Anblick der Bäume der Via Cola di Rienzi, an denen bereits kleine grüne Blätter knospten, erwachte in mir die Sehnsucht nach dem Land: mich im Gras ausstrecken, in den Himmel schauen und an gar nichts denken. Doch aufs Land fahre ich gerne mit einem Mädchen: Alleine langweile ich mich. Jetzt hatte ich kein Mädchen und sah keine Möglichkeit, hier und jetzt eines zu finden. Während mir diese Gedanken durch den Kopf gingen, schritt ich langsam die ganze Via Cola di Rienzi hinunter, überquerte die

Piazza della Libertà, die Brücke und gelangte zum Piazzale Flaminio. Dort blieb ich unter dem Dach der Straßenbahnhaltestelle stehen und schaute mich um. Gewöhnlich bin ich Frauen gegenüber schüchtern, vor allem, weil ich kein Geld habe, aber es heißt schon etwas, sich reich zu fühlen: Ich sah ein Mädchen, das nicht auf die Straßenbahn zu warten schien, es gefiel mir, und sofort, fast ohne nachzudenken, sprach ich es an. Sie war dunkelhaarig, hatte ein rotes, derbes Gesicht und zwei schwarze Augen, war einfach gekleidet, hatte eine rote Jacke und ein kastanienbraunes Röckchen an, und ihre nackten Beine steckten in Söckchen, die sie linksherum trug. Sie sagte, sie sei Hausmädchen, sie heiße Matilde und komme aus einem Dorf in der Nähe von Rom, Capranica, glaube ich. Sie suche eine Stellung und sei augenblicklich bei irgendwelchen Nonnen in Pension, die auch in ihrem Dorf ein Kloster hätten. Sie sprach ein wenig zurückhaltend, doch nachdem ich zwei- oder dreimal »Signorina« zu ihr gesagt hatte, wurde sie herzlicher. Ich sagte: »Signorina, Sie kennen doch sicher Rom noch nicht ... Wollen Sie, dass ich es Ihnen zeige?« Sie tat verlegen und erwiderte: »Eigentlich müsste ich mich bei einer Signora vorstellen ...« Kurz und gut, ich schlug vor, ihr das Foro Italico zu zeigen, und nach einigem Zögern willigte sie ein.

In der Straßenbahn machte ich in einem fort Späße; das Mädchen hörte mir ernst zu, und dann brach sie ganz plötzlich in Gelächter aus und bedeckte dabei ihr Gesicht mit beiden Händen wie eine echte Bäuerin. Wir stiegen am Piazzale di Ponte Milvio aus, gingen den Lungotevere entlang, auf den Obelisken zu. Ich kannte die Stelle und wusste, dass hinter dem Forum der Hügel lag, mit zahlreichen Wiesen, wo man ganz ungestört ist und nicht befürchten muss, beobachtet zu werden. Doch ich wollte ihr das Stadion zeigen, das eine wahre Pracht ist mit all diesen Statuen, für jede Sportart eine, rund um die Stufen. Es war kein Mensch dort, und das Stadion, wirklich wunderschön, lag in beängstigender Stille da, und die Statuen ragten in den bewölkten Himmel. Doch sie blieb kühl, selbst als ich ihr erklärte, dass die Statuen alle aus echtem Marmor seien, aus einem einzigen Block, und jede mehr als eine Tonne wöge. Sie sagte lediglich, die Statuen fände sie unanständig; und ich antwortete ihr, das seien schließlich Statuen und keine Menschen, und Statuen hätten nackt zu sein, sonst seien sie keine Statuen. Um sie sanfter zu stimmen, nahm ich einen Bleistift und schrieb auf die Wade einer dieser Statuen – ein Mann, der über der Schulter ein Paar Boxhandschuhe trug: »Attilio mag Matilde«, und forderte sie auf zu lesen. Doch sie erwiderte, sie könne nicht lesen, und so erfuhr ich, dass sie auch noch Analphabetin war. Sie war jetzt nicht mehr so herzlich; und als wir an die Stelle kamen, wo der Weg abzweigt, der zum Hügel hinaufführt, weigerte sie sich, mir zu folgen, und sagte: »Du hältst mich wohl für blöd, ich bin aber nicht blöd ... Gehen wir in die Stadt zurück.« Ich wollte sie vorwärtsziehen, doch es war nichts zu machen; und ich bekam sogar einen heftigen Stoß vor die Brust, der mich beinahe zu Boden geworfen hätte.

So fuhren wir mit derselben Straßenbahn, mit der wir gekommen waren, zurück zum Piazzale Flaminio; und hier lud ich sie, um sie wieder zu versöhnen, in eine Bar zu einem Cappuccino und zwei Stück Gebäck ein. Es war fünf, und ich schlug vor, in ein Kino in der Nähe zu gehen, wo sie neben einem Farbfilm auch eine Reportage über das Spiel Italien-Österreich zeigten. Auch diesmal ließ sie sich ein wenig bitten und sagte, sie müsse sich bei dieser schon erwähnten Signora vorstellen; doch das war nur Getue, wie es die Bäuerinnen auf dem Markt an den Tag legen, wenn sie verkaufen oder kaufen; und wirklich, sie war sofort einverstanden, kaum dass sie sah, dass ich, ungeduldig geworden, drauf und dran war, sie stehenzulassen.

Auch im Kino zahlte ich mit dem echten Geld; und als wir im Dunkeln saßen, nahm ich ihre Hand, und sie ließ mich gewähren. Leider hatte der Farbfilm gerade erst begonnen, und das Spiel kam zum Schluss; und da der Film mich langweilte, wurde ich kühner und versuchte sie auf den Hals zu küssen. Sofort stieß sie mich heftig mit der Hand zurück und sagte laut: »He, Hände weg«; ringsumher zischten alle; und ich schämte mich und begann sie zu hassen. Da der Film, der von Christoph Kolumbus handelte, mich langweilte, begann ich, im Geist die Ausgaben des Tages zusammenzurechnen: dreihundert fürs Essen, hundertzwanzig für die Zigaretten, zweihundert für den Kaffee und das Gebäck, vierhundert fürs Kino. Ich hatte also mehr als tausend Lire ausgegeben und hatte mich nicht amüsiert.

Als der erste Teil des Films zu Ende war, ging das Licht an, und ich sagte mit einem Mal zu Matilde: »Frauen wie du sollten auf dem Land bleiben und die Erde hacken.« – »Warum?« – »Weil du eine alberne, dumme Gans bist und nicht in die Stadt passt.« Können Sie sich das vorstellen? Dieses Landei mit ihren geblähten Backen sah mich an und erwiderte hochmütig: »Wer schimpft, kauft.«

Ich hätte sie vor Wut erdrosseln mögen. Ich sagte nichts, stand auf und setzte mich fünf Reihen weiter weg, ließ sie einfach sitzen, wie sie es verdiente. Es war sieben.

Der zweite Teil des Films wollte kein Ende nehmen, und ich dachte immer häufiger an den Zehntausendlireschein, den ich einwechseln musste, und an Staiano, der mich um acht an der Piazza Risorgimento erwartete. Doch ich wollte unbedingt die Reportage sehen, und als sich, um Viertel vor acht, Christoph Kolumbus endlich entschloss zu sterben und das Licht wieder anging, da hoffte ich, in etwa zehn Minuten fortzukommen und schnell den Schein unter die Leute zu bringen. Doch nichts dergleichen, ich hatte die Rechnung ohne das Programm gemacht: Zuerst gab es eine Pause, dann Werbung für eine Schuhfirma, dann für eine Möbelfabrik, dann eine weitere Pause. Es war acht, als mit Gottes Hilfe die Reportage anfing. Ich bin ein Fan, und beim ersten Auftauchen der geliebten Gesichter unserer Fußballer vergaß ich Geldschein, Staiano, meine Eile und alles und richtete meine ganze Aufmerksamkeit auf das Spiel. Ehrlich gesagt, dies war der einzige glückliche Augenblick dieses ganzen Tages, der mir zuerst so schön vorgekommen war.

Ich verließ das Kino geblendet, betäubt, erschöpft; es war zwanzig nach acht. Da verlor ich, als ich an Staiano dachte, der auf mich wartete, an den falschen Schein, den ich einwechseln musste, und an das echte Geld, das ich schon ausgegeben hatte, fast den Kopf. Ich wusste nicht, wo ich hingehen sollte. Ich weiß nicht, wie, doch mit einem Mal fand ich mich am Ende der Via Cola di Rienzi wieder, nicht weit von der Piazza Risorgimento; und als ich eine Stimme rufen hörte: »Hier winkt das Glück … wer will sein Glück versuchen?«, war ich wieder voller Hoffnung. Es war ein dunkelhaariger Kerl, der gerissen dreinschaute, an eine Mauer gelehnt, ein Brettchen um den Hals und auf dem Brettchen das Spiel der drei Karten. Neben ihm stand sein Komplize, auch er falsch und geldgierig, als interessiere er sich für das Spiel. Da kam mir eine Erleuchtung, und ich beschloss, dieses sogenannte Glück mit dem Zehntausendlireschein von Staiano zu versuchen: Ich würde den Schein von dem Komplizen einwechseln lassen, würde hundert Lire setzen, und dann würde ich gehen. Das Spiel war verboten, und so bestand nicht einmal die Gefahr, dass diese beiden Betrüger mich anzeigten.

Ich ging näher heran, blickte gierig auf das Brettchen und sagte kleinlaut: »Ich würde gern was setzen … aber wie? Ich hab kein Kleingeld«, und ich zeigte meinen Schein. Der mit dem Brettchen schob weiter seine Karten hin und her und wiederholte dabei wie ein Papagei: »Hier winkt das Glück … Wer will sein Glück versuchen?«; der Komplize jedoch kam gleich mit der Brieftasche auf mich zu und sagte: »Zum Teufel auch, einem jungen Mann, der sein Glück versuchen will, muss geholfen werden, hier bin ich, geben Sie mir Ihren Schein.« Ich gab ihn ihm, und er blätterte mir einen um den anderen neun Tausender und zehn Hunderter in die Hand. Ich setzte hundert Lire, wie ich beschlossen hatte; der mit dem Brettchen sagte: »Der Herr setzt hundert Lire … bitte, der Herr«; und dann deckte er die Karte auf, und ich sah, dass ich gewonnen hatte. Obwohl ich genau wusste, dass das Ganze Betrug war, und mir natürlich klar war, wie die Sache funktionierte, bildete ich mir, vielleicht aus Müdigkeit, ein, die Ausgaben des Tages wieder reinholen zu können, und setzte die übrigen neunhundert Lire. Diesmal verlor ich, was mir nur recht geschah. Ich entfernte mich und dachte dabei, dass ich zweitausend Lire ausgegeben hatte und dass mir nicht mehr als tausend Lire Gewinn blieben.

Die eigentliche Überraschung aber, die bereitete mir Staiano, den ich kurz darauf wiedertraf, im Park der Piazza Risorgimento. Als wir uns in einen Winkel zurückgezogen hatten und ich begann, ihm die Scheine in die Hand zu zählen, sagte er jedes Mal, ohne zu zögern: »Falsch, falsch, der auch, falsch, falsch«, bis ich fertig war. »Diese Scheine sind alle falsch«, schloss er dann, während er sie in die Tasche steckte und mich ansah, »und es sind nicht unsere … unsere sind perfekt … Noch falscher als die sind nur die Reklamescheine, auf denen steht: Bank der Liebe, tausend Küsse … Ich muss schon sagen, du bist wirklich tüchtig.« Mir blieb der Mund offen. Staiano fügte hinzu: »Ich hatte dir einen Zehntausender gegeben, der so gut wie echt war, und du bringst mir neun an, die nicht einmal ein Blinder annehmen würde.« Ich sagte darauf: »Dann ersetz mir wenigstens die Ausgaben.« – »Welche Ausgaben denn?« – »Na ja, da ich dachte, ich würde dreitausend Lire verdienen, hab ich alles in allem mehr als zweitausend ausgegeben.« – »Dein Pech … Was glaubst du eigentlich? Dass ich diesen Schein umsonst gekriegt hab? Dreitausend Lire hab' ich dafür bezahlt … Du müsstest mir eigentlich den Schaden bezahlen.« Kurz und gut, wir stritten uns eine Weile, doch er wollte mir nichts geben. Als ich ihn schließlich auch noch einen Betrüger nannte, zog er die Tausender hervor, zerriss sie in viele kleine Stückchen und warf sie in den Abfluss in der Straßenrinne. Doch was mich am meisten verletzte, war, dass er, bevor er ging, zu mir sagte: »Du taugst nicht für eine ehrliche, ernsthafte, verantwortungsvolle Arbeit! Lass dir das von mir gesagt sein, der ich zwanzig Jahre älter bin als du … Du bist zu leichtsinnig, zu verträumt … du bist allenfalls noch dazu fähig, Zigaretten auf dem Schwarzmarkt zu verkaufen … du kannst gehen, junger Mann.«

Erri DeLuca

Am Strand

Am Strand musste ich wachsam sein. Ich war zum Angriffsziel geworden, sie dachten sich alles Mögliche aus, um mich zu belästigen. Im Wasser konnten sie mich nicht verfolgen, an Land waren sie zu dritt und suchten einen Vorwand. Ich lag auf dem Sand und las mein Rätselheft, da rannten sie dicht an mir vorbei, um mich mit Sand zu bespritzen. Das taten sie abwechselnd. Nach ein paar Minuten fingen sie wieder von vorne an. Im Meer hatte ich einen Seeigel gefangen. Ich versteckte ihn unter einer dünnen Schicht Sand, neben meinem Heft. Der Erste rannte vorbei, verfehlte ihn knapp, der Zweite trug Sandalen, der Dritte war barfuß, trat auf den Seeigel und machte einen Satz in die Luft. Schreiend fiel er zu Boden und ließ sich über den Sand bis zum Wasser rollen. Die anderen zwei kamen gelaufen, um seine Fußsohle anzugucken, die voller schwarzer Stacheln war. Es ist ein unangenehmer Schmerz, sie müssen einzeln mit Öl und einer Pinzette herausgeholt werden. Den zertretenen Seeigel stieß ich weit fort. Das Mädchen hatte alles gesehen. Lange vor mir hatte sie begriffen, dass es bei der Feindseligkeit der drei gegen mich um sie ging.

Wütend schaute sie zu mir herüber, ich las weiter. Eine männliche Rivalität war ohne mein Wissen ausgebrochen. Das Mädchen sagte es mir, der Trick mit dem Seeigel hatte sie überrascht und dass man ein Tier als Waffe benutzt. Sie erzählte mir, dass die Männchen einander in der Brunftzeit bekämpfen, um sich mit den brünstigen Weibchen paaren zu können. Für mich ein komisches Wort, ich verband es nur mit inbrünstigem Beten.

»Wie bei uns, beim Trojanischen Krieg«, sagte ich, um zu zeigen, was ich kürzlich gelernt hatte.

»Das ist nicht das Gleiche, bei uns kommt die Absicht hinzu, den Besiegten niederzumachen, bei den Tieren ist es nur ein Kampf aus Liebe.«

Aus ihrem Mund klang das Wort *amore* nicht vermodert. Sie sagte es mit einem runden »o«, nicht wie ich mit einem geschlossenen. Ich ahmte sie nach und übertrieb ihr »o«.

»Na und? Was gibt es da zu lachen? *Amore.* In der Natur ist das ein sehr achtbares Wort.«

»Entschuldige bitte, dein breites ›o‹ hat mich überrascht.«

»Wie sprichst du es denn aus?«

Ich schämte mich, es zu sagen.

»Na? Traust du dich nicht? Du bist noch ein Kind.«

»Amor'.«

»Siehst du? Das ist nicht zum Lachen. Das ist etwas Ernstes. Für die Tiere ist die Liebe, wenn sie kommt, der stärkste Antrieb überhaupt. Sie vergessen das Essen und Trinken. Ich habe die Lockrufe der Hirsche in den Wäldern Ende September gehört. In der Dunkelheit stoßen die Männchen ein dumpfes Röhren aus, um einander zum Kampf aufzufordern. An diesem Ruf erkennen sie die Kraft und das Gewicht ihrer Rivalen. Sie holen dafür so tief Luft, dass sie den Hals in den Himmel recken müssen, um den Atem wieder herauszulassen, sonst würden sie daran ersticken. Mein Vater hat mich einmal in den Wald mitgenommen, er ist Jäger.«

Ihr zuzuhören verzauberte mich, ich schaute ihr dabei ins Gesicht, sogar auf den Mund.

»Wir gingen noch im Dunkeln, aber die Morgenröte war nah. Plötzlich blieb er stehen, ich sollte mich ducken, er nahm sein Gewehr und legte es an. Ich war erschrocken und sagte ganz leise: Nein. Er brachte mich brüsk zum Schweigen mit seiner Hand, die er vom Abzug nahm. Dann zielte er, und ich sah sogar vom Boden aus, worauf er zielte, ein großes Geweih. Ich habe mein leises Nein wiederholt, er machte eine noch schroffere Handbewegung. Er zielte. Ich konnte nichts tun, weder die Augen schließen noch mir die Ohren zuhalten. Er atmete tief ein, und beim Ausatmen machte er ›Peng!‹«

»Hat er geschossen?«, fragte ich sehr leise.

»Nein, er machte Peng mit dem Mund, dann ließ er das Gewehr sinken. Ich durfte ihn nie wieder begleiten. Hat er das aus Hass oder aus Liebe getan?«

Sie erwartete keine Antwort, ich sagte sie trotzdem: »Meiner Meinung nach bedeutet Peng Liebe.«

Sie lächelte wie jemand, dem überraschend eine Erinnerung kommt. »Mein Vater ist seit zwei Jahren tot. Letztes Jahr im November bin ich auf den Friedhof gegangen. Es war schon kalt, keine Jahreszeit für Schmetterlinge. Und doch flatterte ein weißer Schmetterling in meiner Nähe und hat sich auf mein Knie gesetzt, dort, wo mein Vater seine Hand hinlegte. Ich liebe die Tiere, sie kennen uns, und wir wissen nichts von ihnen.« Sie war von einer Entschlossenheit, wie ich sie in der Stimme von Blinden wiedererkannt habe.

An diesem Tag ging ich zwei Eis in der Bar holen. Auf dem Rückweg kam einer der drei von hinten auf mich zu und schlug sie mir aus der Hand, so dass sie zu Boden fielen. Ich kehrte zum Sonnenschirm zurück, sagte, sie seien mir heruntergefallen. Das Mädchen hatte mich beobachtet.

»Du musst aufpassen.«

»Es tut mir leid, ich habe sie nicht gut festgehalten, sie sind runtergefallen.«

»Im Ernst, du musst aufpassen.«

Ich stand auf, um schwimmen zu gehen, auch sie erhob sich. Sie ging ins Wasser, indem sie sich darauf legte wie ein Blatt, ich hingegen tauchte ein wie ein Ruder. Ich vergewisserte mich, dass niemand uns folgte.

»Sie werden nicht kommen«, sagte sie, »wenn ich dabei bin, werden sie sich nicht mit dir messen, denn im Wasser bist du stärker als sie.«

Auf diesen Gedanken wäre ich nicht gekommen. Ich antwortete nicht, es war mir peinlich, dass sie mich dabei ertappt hatte, wie ich beunruhigt war.

»Die Sache mit dem Seeigel werden sie dich büßen lassen.«

Statt etwas zu erwidern, ließ ich mich unter die Oberfläche sinken. Als mir der Atem ausging, tauchte ich mit klareren Ideen wieder auf.

»Ich habe doch schon mit dem Eis gebüßt.«

»Du bist kein Flusspferd, das unter Wasser besser denken kann. Das war nur eine kleine Bosheit, sie haben bestimmt noch etwas anderes vor.«

»Woher willst du das wissen?«

»Ich weiß es eben.«

»Ich habe keine Angst«, sagte ich, und das stimmte. Es machte mir keine Angst, Feinde zu haben.

»Es ist egal, ob du Angst hast oder nicht. Du musst ihren Plänen zuvorkommen.«

»Wie denn? Ich kenne nicht mal meine eigenen. Und außerdem meine ich das ernst, dass ich keine Angst davor habe, mir weh zu tun, verletzt zu werden. Es ist mir egal. Mein Körper interessiert mich nicht, ich mag ihn nicht. Er ist kindlich, und ich bin es nicht mehr. Ich weiß seit einem Jahr, dass ich wachse, aber mein Körper nicht. Er bleibt zurück. Darum ist es egal, ob er kaputtgeht. Im Gegenteil, wenn er kaputtgeht, muss daraus ein neuer hervorkommen.« Ich sagte das mit einem seltsamen Eifer und Ernst. Sie war betroffen, dachte über meine Worte nach.

»He, geh vorsichtig mit dir um, du hast mich erschreckt.« Dann verschwand sie unter Wasser. Auch ich tauchte unter, um sie hochzuziehen, und sie nahm meine Hand. Als wir auftauchten, um Luft zu holen, hielt sie noch immer meine Hand.

Das war es, mein Lieblingswort: *mantenere*, halten. Wie konnte sie das wissen? Ich dachte nach und antwortete mir: Sie weiß es eben. Noch nie zuvor hatte ich etwas so Weiches berührt. Und das bis heute nicht, inzwischen weiß ich es. Ich sagte zu ihr, dass ihre Handfläche glatter sei als das Innere einer Muschel, während wir, nun nicht mehr Hand in Hand, zum Ufer hinaufstiegen. »Weißt du, dass du einen Satz der Liebe gesagt hast?«, sagte sie, als sie auf den Sonnenschirm zuging.

Einen Satz der Liebe? Ich weiß doch nicht mal, was das ist, wie kommt sie darauf? Sie weiß darüber mehr als ich, wegen der Tiere, aber hier irrt sie sich. Ich habe einen Satz des Staunens gesagt. Der Tastsinn ist derjenige, auf den ich am wenigsten achte. Dabei ist er der ausgedehnteste, er sitzt nicht nur in einem Organ wie die anderen vier, sondern ist über den ganzen Körper verteilt. Ich betrachtete meine Hand, klein, gedrungen, sogar ein wenig rauh. Was sie wohl in ihrer gespürt hat? Fragen durfte ich nicht, es konnte aus Versehen eine Frage der Liebe sein.

Christoph Poschenrieder

Farfalle

An einem Morgen erwachte Wilhelm mit einem bitteren Geschmack in den Mundwinkeln, dem abklingenden Echo eines Lachens in den Ohren – und fühlte sich verwandelt; nicht in einen Käfer, das wäre allzu einfach gewesen. Verwandelt deswegen, weil er einen starken Wunsch verspürte, und deswegen auch ein wenig Verstörung. Er stieg aus dem Bett und hielt auf dem Weg zum Badezimmer vor dem Wandspiegel. Als er das Nachthemd abstreifte, erwartete er, der starke Wunsch würde ebenso leicht von ihm abfallen wie der sanfte Flanellstoff.

Dem war nicht so. Das Wunschgefühl hielt an, und nach wie vor war es nur ein unbestimmter Wunsch, einer ohne Ziel und Richtung. Das musste einen wie Wilhelm verunsichern, dem von diesem Gefühl nur eine verblasste Erinnerung aus der Kindheit geblieben war. Bedürfnisse ja sicher, aber keine Wünsche, kein Sehnen und – schon gar nicht – Gelüste oder Begierden. Die Bedürfnisse der Körpers, ein Hungergefühl beispielsweise, bediente er stets in stiller Sachlichkeit. Um einen Schmerz abzustellen, nahm er eine Tablette. Zur Abwehr von Kälte setzte er eine Mütze auf. Seitenaspekte wie etwa modische Erwägungen oder kulinarische Interessen, im Falle der Essensaufnahme, spielten keine oder eine untergeordnete Rolle.

Nun – ein Wunsch. Das Nachthemd lag in Wellen um seine Füße, wärmte die Zehen, aber er schleuderte es mit einer schlenkernden Bewegung des rechten Unterschenkels, die ihn fast zu Fall brachte, zur Seite. Dann lieber ein Käfer, dachte er, das wäre ein Problem, brächte aber auch neue, klar definierte Möglichkeiten; etwa die Fähigkeit, die Wand hinaufzukrabbeln und kopfüber an der Decke zu sitzen. Wilhelm betrachtete seinen Körper. Die weiße Haut, die zart ausgebildeten Gelenke und die umso dralleren Extremitäten – wie bei einer Lumpenpuppe, die ihre Form durch das Befüllen und Abschnüren von Stoffschläuchen erhält. Und wie bei – wie war das Wort? Er wollte es nicht aussprechen; es war gar zu garstig. Solch etwas, aus dem einmal ein – Schmetterling entsteht. Nein. Konnte das sein? Er hatte das Wort »Schmetterling« leise ausgesprochen. Erstaunlich, dachte er. Erstaunlich, wie die Dinge an diesem Morgen in einer wunderlichen Seltsamkeit passierten. Wilhelm verspürte den Wunsch, ein Schmetterling zu sein. Das war ernst zu nehmen, es ließ sich nicht einfach abtun. Er betrat das Badezimmer, drehte den Kaltwasserhahn auf, befeuchtete den Waschlappen und begann mit der Reinigung seines Körpers. Beruhigt von der kühlen Berührung, analysierte er diesen nunmehr formulierten Wunsch, ein Schmetterling zu sein. Das konnte wohl kaum anderes als ein Aufruf zur Veränderung sein – was die Sache nicht einfacher machte.

Wilhelm vollendete seine Routinen und zog die am Vorabend herausgelegten Kleider an. Im Esszimmer würde er das von der Hilfskraft bereitete Frühstück – Ei, Toast, eine Scheibe Räucherlachs – finden, aber ihn zog es zum Bücherregal, dorthin, wo die Reiseführer standen, jene bewährten, mit denen schon Wilhelms Großvater gereist war: diese in biegsames Leder gebundenen dicken Bände, die wohl auch eine verirrte (oder gar gezielte?) Pistolenkugel gebremst hätten; die den Großvater sicher hinaus in die Welt und sicher nach Hause gebracht hatten; die ihn, Wilhelm, nun so verlockten. Wilhelm hatte sie selten angerührt und war stets zu Hause geblieben; dies schien noch sicherer als alles andere. Das Draußen interessierte ihn nicht. Normalerweise. Die Hilfskraft lüftete (ohnehin zu viel), das Maß an Nachrichten, das er brauchte, überbrachte zuverlässig die seit Jahrzehnten abonnierte Qualitätszeitung, das Fernsehgerät, das er einmal – in einem dem momentanen wohl ähnlichen Anfall – angeschafft hatte, beruhigte ihn (bei den seltenen Anlässen, da er es einschaltete), mit seinem verrauscht-fernen Schwarzweißbild.

Er zog den Band *Ober- und Mittelitalien* heraus, dazu noch *Unteritalien*, murmelte: »Nur so wird ein Stiefel daraus«, und ließ sich zum Frühstück nieder, alldieweil in den Bänden blätternd. Als die Teller blank waren und man auf den Boden der Tasse sehen konnte, sprang er auf, rief der nebenan wirkenden Hilfskraft zu, sie möge den Reisekoffer vom Boden holen, mit einer angemessenen Ausstattung befüllen: der Jahreszeit, dem Reiseziel, für vierzehn bis zwanzig Tage genügend.

Er würde dem seltsamen Drang zu reisen entsprechen – und gleichzeitig Widerstand leisten. Veränderung? Ja – aber nach seinen Regeln.

Eine Kraftdroschke traf ein und brachte ihn zum Bahnhof. Da der Chauffeur keine Anstalten machte, wuchtete er seinen Koffer selbst in die Halle. Auch hier: kein Dienstmann weit und breit. Mit dem Fahrkartenbeamten musste er über eine Art Telefon – Sprechmuschel und Hörer – verhandeln, obwohl man auf Armlänge entfernt voneinander war. Ein Wunder, dass er nach etwa 25 Minuten sein Ersteklassebillett erhielt. Schlafende, übelriechende Menschen belegten die Sitze im Wartesaal, so dass er sich direkt an den Perron begab, wo er, erhitzt vom Kofferschleppen, in der Zugluft stand und fürchten musste, sich zu erkälten. Er suchte den Windschatten eines Getränkeautomaten, holte das große lederne Portemonnaie des Großvaters hervor und ließ die darin angesammelten Münzen eine nach der anderen durch den Automaten rieseln, bis – endlich – eine Dose unten herauskullerte. Einen alten rheinischen Silberfuffzger hatte es gekostet. So klebrig und süß die Limonade schmeckte – sobald er die Dose geleert hatte, durchjagte ein jäher Impuls seine Nervenbahnen, und sein Herz begann roh zu pochen, als hätte er eine Kanne Kaffee getrunken. Donnerwetter, murmelte Wilhelm, sich leicht und leichter fühlend, das gab es früher nicht. Behende erklomm er das Coupé, wie von selbst flog der Koffer ins Gepäcknetz. Er schmiegte sich in den Ledersessel, nahm die beiden Reiseführer vor und begann gar, diese Reise ein wenig zu genießen. *In Begleitung von Damen zahlt man durchgängig mehr*, las er mit Befriedigung über die offensichtliche Abwesenheit von Damen, jedenfalls solcher, die seine eigene Börse hätten belasten können. *Außer Kurs befindliche und stark abgewetzte Münzen werden mit Vorliebe den Fremden zugeschoben.* Ha!, nicht mit mir, rief Wilhelm aus.

Eine Stimme erscholl; begrüßte die Reisenden »an Bord«, als sei dies ein Schiff, was Wilhelm verwunderlich, auch ein wenig erheiternd fand. Dieselbe Stimme setzte zu einer weiteren Bekanntgabe in einer unbekannten Fremdsprache an – womöglich Englisch, wie Wilhelm anhand des abschließenden *senkju foa trävelling wis as* vermutete. Allerhand, sagte er zu sich. Wie weit würde er mit seinem Französisch kommen? Entlang den Hauptrouten und in den bedeutenden Häusern wohl ganz passabel. Für den Rest des Landes: *Dem Volk gegenüber erweist sich gewandte Mimik oft als gutes Auskunftsmittel.* Wann immer der schräg vis-à-vis sitzende Herr aus dem Fenster blickte, begann Wilhelm nun zu grimassieren. Seine Mimik war zweifellos über Jahre unterbeansprucht gewesen; hatte er die Hilfskraft je angelächelt? Nein, warum auch, das hätte die Hilfskraft nur aus dem Takt gebracht. Während er Augenbrauen und Mundwinkel auf jede erdenkliche, auch geradezu schmerzhafte Weise zueinander in Stellung brachte, die Nase kräuselte und die Stirn runzelte, erinnerte er sich an die Gemüsesuppe mit Wiener Würstel, die ihm die Hilfskraft gelegentlich vorsetzte: karottene

Augen mit erbsenen Pupillen, darüber zwei Bohnen zu Brauen, eine rotglänzende Paprikanase und eben die Grinsewurst – und daran, wie er stets mit Ingrimm diese Visage unterrührte. »Kann ich Ihnen behilflich sein«, fragte der Herr schräg gegenüber, »fühlen Sie sich denn nicht wohl?« Wilhelm, als er dies hörte, hatte keine Ahnung, wo sich im Moment seine Augenbrauen und Mundwinkel befanden; er flog mit flacher Hand und gespreizten Fingern übers Gesicht und erhielt doch nur das Gefühl, eine der Brauen sei unter seine Nase gerutscht und dort als Filou-Bärtchen festgewachsen. Warum sonst starrte ihn der Herr so an? Wilhelm entschuldigte sich mit einem Brummeln aus dem Coupé, um die Zugtoilette aufzusuchen und sich vor dem Spiegel von der Vollständigkeit und korrekten Anordnung all seiner mimischen Gesichtselemente zu überzeugen. Das passte leidlich. Er zog noch ein paar Grimassen fürs Volk – entschiedenste Ablehnung, höchste Indignation, reine Indifferenz – dies Sortiment sollte wohl reichen –, erleichterte sich in die Schüssel, unter der man kurioserweise nicht wie üblich die Schwellen durchrattern sah (auch der Hinweis, sich das Geschäft während des Aufenthalts in Bahnhöfen zu verkneifen, fehlte), und – fand die Spülung nicht. Wilhelm erstarrte. Er konnte unmöglich das Kabinett verlassen, ohne die

Dinge in Ordnung gebracht zu haben. Die Hände hätte er im Übrigen auch gerne gewaschen, allein es fehlte ein Knauf oder Hebel, um den Wasserhahn aufzudrehen. Hinausschleichen – aber was, wenn jemand bereits vor der Tür stände? Für den Fall hätte er bestimmt keine passende Mimik. O mein Gott, stöhnte Wilhelm und verfluchte sich und diese Reise, die ganze gesamte wahnsinnige Idee. Schmetterling! Der Zug schleuderte über eine Weiche oder Ähnliches und brachte Wilhelm in seinem Gehäuse ins Straucheln, und, o Wunder, wie er ins Waschbecken griff, um sich zu halten, begann das Wasser aus dem Hahn zu fließen. Und nun, fast auf den Knien, in erniedrigter Haltung, erspähte er einen Knopf an sinnwidriger Stelle, der mit »wc« beschriftet war und nach Betätigung ins Werk setzte, was Wilhelm gewollt hatte. So gelang es ihm doch noch, das Kabinett aufrecht zu verlassen; die Mimik, die er aufgesetzt hatte, wäre einem aus dem Volke sicher imperial vorgekommen – glaubte Wilhelm zumindest.

Auf der Passhöhe, als die Zugtüren für einen Lokomotivwechsel ein Weilchen geöffnet blieben, erschnupperte Wilhelm einen milden, warmen Luftzug, der vom südlichen Talgrund heraufstrich. Am gegenüberliegenden Bahnsteig drängten Dutzende dunkelhäutiger Menschen mit wenig Gepäck (eine

Plastiktüte schien für die meisten dieser Männer zu genügen) in einen wartenden Zug. Wilhelm fühlte sich ermutigt, ihnen zu winken und (halblaut) so etwas wie: »Gute Reise! Ja, da kann man etwas erleben! Leichtes Gepäck macht leichte Reise!« zuzurufen. Was ihn nicht schlecht über sich selbst erstaunen ließ – er führte den plötzlichen Ausbruch kurzerhand auf die Luftveränderung zurück. Was sonst? *Ac ego in arcadia*, setzte er noch hinzu, den Spruch des größten aller deutschen Italienreisenden sich anverwandelnd.

Das Reiseland war bereits durch die beiden Reiseführer und das grenzüberschreitend gelöste Billett vorgegeben: nur der Endpunkt und Wendepunkt (denn jede Ausfahrt bedurfte ja einer Heimkehr, um eine echte Reise zu sein), der Endpunkt also war noch zu bestimmen. So blätterte er hin und her, studierte Stadtpläne, bis er an einem Satz hängenblieb: *Keinesfalls soll der Reisende in Unteritalien, sofern er zur geeigneten Jahreszeit unterwegs ist, die Mandelblüte versäumen, wenn Millionen von Blüten und ebenso viele Schmetterlinge die Landschaft wie beschneit erscheinen lassen.*

Schmetterlinge! Und in Mengen! Wilhelm nahm dies als schicksalhafte Fügung an. Schnell fuhr er mit dem Finger das Netz der schwarzen Linien ab, die in der Übersichtskarte die Eisenbahnlinien darstellten, und gelangte, immer nahe am adriatischen Meer, an den Absatz des Stiefels, wo er zwischen den Hafenstädten Bari und Brindisi die Gegend der Mandelblüte vermutete, denn leider blieb der Reiseführer in dieser Hinsicht im Ungefähren.

Die Stadt Bozen, am Fuße der großen Berge gelegen, sollte die erste Nächtigungsetappe auf dem Weg nach Süden sein, und so verließ er dort den Zug, um sich ein Hotelbett zu suchen. Ein junger Mensch, der eine Schirmkappe trug und einen kräftigen Eindruck machte, kam Wilhelm entgegen. Wilhelm fragte: *»Facchino?«*, und der Kappenträger, auf dessen Mütze eine offiziöses goldenes Schild mit der Prägung *Versace* prangte, stutzte kurz, nickte dann freundlich, griff nach Wilhelms Gepäckstücken, einer Umhängetasche und einem Reisekoffer, drehte sich um und ging voraus in Richtung Ausgang. Wilhelm konnte kaum folgen, freute sich aber über das Niveau an Dienstleistung, die dieser Bahnhofsbetrieb bot; genügend jedenfalls, um seinen Heimatbahnhof gründlich zu beschämen. Er war irritiert, als der Träger unvermittelt den schweren Koffer am Fuße einer Säule absetzte und umso flinker zwischen den Menschen auf den Ausgang zustrebte, durch das Portal schlüpfte und sich im Gemenge des Bahnhofsvorplatzes verlor. »Dienstmann!«, rief Wilhelm, jedoch erfolglos. Wilhelm fand den Bahnhofsvorsteher in einem kleinen Verschlag am Perron und schilderte den Vorfall. Da erfuhr er, dass Dienstleute hierzulande als Beschriftung entweder *Armani* oder *Dolce & Gabbana* auf ihren Schirmmützen trugen, nicht jedoch *Versace*. Der Vorsteher war sehr freundlich und entließ ihn mit einem Lachen, welches Wilhelm mit einem angemessenen Schema aus seinem Volksmimik-Sortiment erwiderte; glaubte er zumindest. Der Verlust der Tasche war zu verschmerzen; der Versace-Dienstmann war nun im Besitz von Großvaters Münzsammlung, die doch ein ansehnliches Gewicht gehabt hatte, einiger Schreibutensilien, eines Dutzends monogrammierter Taschentücher und eines Taschenschirms, im Wesentlichen. Wilhelm fühlte sich in gewisser Weise erleichtert. Sein Fehler, wenn er mit dem Tempo des Dienstmannes nicht mithalten konnte.

Den Hinweis auf das Hotel hatte er in dem Anzeigenteil des einen Reiseführers gefunden. Das Hotel zur Kaiserkrone warb mit ruhiger Lage, herrlicher Aussicht auf Latemar und Rosengarten sowie mit einem elektrischen Lift. Und der Hoteldirektor trug einen angenehm lautenden deutschen Namen.

Wohingegen der Taxichauffeur sofort und heftig in der anderen Sprache auf ihn einzuwirken begann, möglicherweise bestrebt, die Tatsache zu verschleiern, dass die Statue des Minnesängers dreimal am Seitenfenster des Wagens vorbeizog; worauf Wilhelm keine andere mimische Antwort wusste, als dem Standbild wie einem alten Bekannten zuzulächeln und dem Chauffeur mit hochgezogenen Augenbrauen zu signalisieren, wie seltsam es doch sei, ein und dasselbe Denkmal in einer Kleinstadt mehr als einmal vorzufinden. Vielleicht war es aber gerade diese Sensation, auf die der Fahrer in seinem Wortschwall hinwies. Man hüte sich vor schnellem Urteil! Und wie recht der Reiseführer hatte: *Lohndiener, Lohnkutscher und Fremdenführer, ein notwendiges Übel für die der Sprache Unkundigen.*

Weniger recht hatte der Reiseführer allerdings mit der Klassifikation der »Kaiserkrone« als Hotel. Es war keines mehr, wie Wilhelm vor dem Haus in einem feinen Sprühregen stehend und schon etwas ermüdet feststellen musste. Ab diesem Punkt ließ sein Vertrauen in *Meyer's Ober-* und *Baedekers Unteritalien* schon etwas nach. Wie konnte diesen Autoritäten solch ein Fehler unterlaufen? Glücklicherweise hatte der Taxichauffeur mit laufendem Motor etwas abseits gewartet; der Mann war nun bereit, Wilhelm wieder zum Bahnhof zu fahren.

Mehrfach grüßte Wilhelm den auch auf dieser Route allgegenwärtigen Minnesänger.

Am Bahnhof löste er ein Billett bis an die Stelle des Stiefels, wo er die Schmetterlinge erwarten durfte. Nur zum Umsteigen, wo nötig, wollte er noch aussteigen. Er schlief eingewickelt in seine Jacke. Hunger und Durst stillte er aus dem Angebot der Wägelchen, die in Abständen vorbeigeschoben wurden.

Je tiefer er in den Süden vordrang, desto mehr entsprachen die Zugtoiletten seinen Kindheitserinnerungen und Erzählungen aus alter Zeit. Sehr zuverlässig gelang es ihm, sich durch die bildliche Vorstellung der blühenden Mandelbäume und der Abermillionen Schmetterlinge in einen halb wachen, halb dösenden Zustand zu versetzen, besonders, nachdem er erneut begonnen hatte, den Reiseführer (den für den Süden) genauer zu studieren. Der dort vermerkte Ratschlag zur Mimik – *sehr verständlich ist dem Süditaliener die alte Art des Verneinens durch ein leichtes Zurückwerfen des Kopfes mit entsprechendem (etwas verächtlichem) Gesichtsausdruck:dasgriechische*□□□□□□□□□ –führte in Wilhelms Übungsläufen dazu, dass das Wägelchen einen ganzen Tag lang nicht mehr bei ihm hielt und er das abgestandene, lauwarme Wasser vom Hahn der Zugtoilette trinken musste.

Es konnte einem aber auch bange werden! *Dazu erreicht der Grad der Dreistigkeit der Kutscher, Bootsführer, Facchini und anderer Leute, mit denen der Fremde in Berührung kommt, einen Grad, der dem mit der Art des Volkes nicht vertrauten Neuling geradezu abstoßend erscheint.* Wilhelm entschloss sich, Kontakt mit den Einheimischen nur im Notfall zu suchen.

Eines *Facchinos* – Kofferträgers – bedurfte Wilhelm nicht, als er in Carovigno, einer einsam inmitten von Olivenhainen gelegenen Station, ausstieg – denn auch der Koffer war zwischendrin, irgendwo, irgendwann verschwunden. Wiederum hatte er sich erleichtert gefühlt. Überhaupt schien es ihm mehr und mehr, als reiste er in einer Art Traum – oder Wachtraum? Ein Koffer konnte da wohl kaum mehr als nutzloser Ballast sein. Wilhelm stand auf dem Platz vor dem Bahnhof in der Sonne. Ein Schmetterling taumelte vorbei, aber Wilhelm war zu leicht auf den Beinen, um dem Insekt entschieden zu folgen. Er stakste los, in der Hoffnung, irgendwo zwischen den Bäumen den Schmetterling, oder andere, wiederzusehen.

Während der vergangenen Nacht hatte er versucht, ein paar Worte Italienisch zu lernen, aber nichts wollte haftenbleiben. Bis auf das eine Wort: Farfalla. Er hatte den Umriss eines Schmetterlings auf die beschlagene Scheibe des Abteils gemalt, und ein Mitreisender hatte es ihm in Einzahl und Mehrzahl so oft vorgesagt, bis Wilhelm es im Schlaf murmelte. Es war vielleicht dieser Mitreisende, der sich durch Mitnahme von Wilhelms Reisekoffer für die Mühe der Belehrung entschädigt hatte. Sei's drum; wie will man Schmetterlingen folgen, wenn man durch einen Koffer beschwert ist? Er probierte ein paar Flügelschläge, und derart angetrieben, geriet er tiefer in den Hain, nach Mandelblüten und Schmetterlingen Ausschau haltend. Doch – nichts dergleichen. Dem erstbesten Mann, den er traf, führte er seine unbeholfene Schmetterlingspantomime vor. Der Mann machte ein erstauntes Gesicht, schien dann zu verstehen, zeigte heftig nickend in den Himmel, in verschiedene Richtungen, und ließ seine rechte Hand unbestimmt umherflattern, zeigte dann aber bestimmt in die Richtung, aus der Wilhelm gekommen war. Wilhelm aber ging weiter. An der Kreuzung zweier Wege blieb er stehen. Bäume über Bäume, so weit der Blick reichte; jedoch kein Schmetterling. Da war etwas anderes: Ein Summen, das zu einem Brummen wurde, ein Laut, der im Lauterwerden seine anfängliche Freundlichkeit ganz und gar verlor, gar den Tonfall eines bedrohlichen Bohrens annahm, so dass Wilhelm die Hände auf die Ohren presste, während er auf der Stelle rotierte, in den Himmel blickend, um die Quelle dieses Geräusches festzustellen. Unnötig, denn es kam zu ihm, wie der Schatten eines Adlers über ein unschuldiges Feldmäuschen, warf ihn brüllend nieder. Aber Wilhelm wurde nicht ergriffen und in die Lüfte verschleppt, sondern fand sich unversehrt, sobald er wieder auf den Füßen stand, jedoch gänzlich mit einem weißen Pulver bestäubt, das sich kaum abklopfen ließ und bitter in seinen Mundwinkeln schmeckte. Ein zweites Mal kam das brüllende Ungeheuer über ihn, ein zweites Mal wurde er bestäubt, und mühsam rappelte er sich auf, stand schwankend und betäubt, bis eine Frau des Weges kam, die in verdächtiger Weise seiner Hilfskraft glich und ihn an der Hand nahm. »Farfalle«, sagte Wilhelm, immer wieder sagte er: »Farfalle.«

Die Frau führte ihn in ein Haus. Sie setzte ihn an einen Tisch und verschwand in einem Nebenraum. Wilhelm hörte das Klappern von Töpfen und Geschirr. Er wartete. Vielleicht schlief er ein, um nach unbestimmter Zeit wieder aufzuwachen, denn plötzlich sah er seine Farfalle, er sah die Mandelblüten, ganz nah vor sich, zum Greifen, gar zum Löffeln nah: Hellgelbe Schwingen mit sägezahnartigen Rändern um einen geschnürten, schlanken Körper, sie schwebten über Blüten aus halbierten, kleinen Tomaten, in denen der Länge nach gespaltene Mandeln steckten. Der Duft, den sie verströmten, war etwas unerwartet, aber gut und verlockend. Er nahm den Löffel in die Hand und wollte ihn in den Teller tauchen, da flogen die Schmetterlinge auf, um sich – unter dem höhnischen Gelächter der Frau – wieder niederzulassen, wenn er den Löffel beiseitetat. Verzweifelt wirbelte Wilhelm mit dem Löffel umher, um eine dieser Farfalle zu haschen, die Frau lachte immerzu, und bitter war der Geschmack in seinen Mundwinkeln.

Wilhelm erwachte zum zweiten Mal an diesem Morgen und fand alles normal. Fast ein wenig zu normal. Vielleicht sollte ich einmal eine Reise machen, dachte er; verwarf den Gedanken jedoch augenblicklich. Zu gefährlich.

Luigi Malerba

Das kalabresische Huhn

Ein kalabresisches Huhn beschloss, Mitglied der Mafia zu werden. Es ging zu einem Mafia-Minister, um ein Empfehlungsschreiben zu bekommen, aber dieser sagte ihm, die Mafia existiere nicht. Es ging zu einem Mafia-Richter, aber auch dieser sagte ihm, die Mafia existiere nicht. Schließlich ging es zu einem Mafia-Bürgermeister, und auch dieser sagte ihm, die Mafia existiere nicht. So kehrte das Huhn in den Hühnerhof zurück, und auf die Fragen seiner Mithühner antwortete es, die Mafia existiere nicht. Da dachten alle Hühner, es sei Mitglied der Mafia geworden, und fürchteten sich vor ihm.

Andrea De Carlo

Das tragische Ende von Baron Canistraterra

Lara Laremi beobachtet die anderen Gäste, die an den Tischen auf der Terrasse sitzen: Mit Sonnenbrillen und Stroh- oder Stoffhüten geschützt und getarnt, halten sie beschlagene Gläser mit Weißwein in der Hand, nur Lynn Lou, die amerikanische Schauspielerin, umklammert ein dreiviertel volles Kelchglas mit tiefrotem Negroni. Das gleißende Sonnenlicht wird von dem Einfassungsmäuerchen und den weißgekalkten Säulen zurückgeworfen und dringt durch die aufgespannten Schattensegel. Die trockene Hitze lässt den Schweiß verdunsten, dörrt die Gedanken aus, verkürzt den Atem, verlangsamt den Herzschlag. Lara Laremi fragt sich, was sie hier macht, gefangen in einem Luxusresort an der menschenleeren Küste einer abgelegenen, winzigen Insel im südlichsten Mittelmeer, unter lauter Leuten, mit denen sie normalerweise nie im Leben verkehren würde. Andererseits hat sie Lynn Lous Einladung ja angenommen, nachdem sie in deren Film als Hilfskostümbildnerin gearbeitet hatte, weil sie neugierig ist auf das, was sie nicht kennt, auf die anderen und sich selbst, auf die Welt.

An einem Nachbartisch unterhält sich das Ehepaar Cobanni mit gedämpfter Stimme; der alte Ingenieur streichelt ab und zu mit den Fingern über das schöne Fernglas aus mattem Messing und Leder, von dem er sich nie trennt. Werner Reitt, der deutsche Banker, ignoriert seine Frau, die am Tisch der französischen Journalistin Simone Poulanc sitzt, und spricht leise mit seinem Assistenten. Brian Neckhart, Lynn Lous Mann und Psychiater, wirft seiner Frau jedes Mal, wenn sie einen Schluck Negroni nimmt, tadelnde Blicke zu, doch in dieser öffentlichen Situation muss er sich zurücknehmen und kann sie nicht so maßregeln, wie er möchte. Spannungen unterschiedlichster Herkunft und Bestimmung überkreuzen sich in der Luft und schaffen ein Klima der Ruhe vor dem Sturm.

»Excusez-moi, Mademoiselle?« Simone Poulanc winkt Lucia heran, die zwischen den Tischen herumgeht, um zu kontrollieren, ob alles in Ordnung ist.

Die Assistant-Managerin nähert sich leicht instabil auf ihren schnurgeflochtenen Plateauabsätzen, die sie trägt, um ihrer gedrungenen Figur mehr Eleganz zu verleihen, und deutet mit dem Kopf eine Verbeugung an.

»Wie ist euer Baron eigentlich wirklich umgekommen?« Wenn sie will, spricht die Poulanc ausgezeichnet Italienisch, das weiß hier jeder. Das Kinn in die Hand gestützt, schaut sie fragend durch die dunklen Gläser ihrer Sonnenbrille im Stil der fünfziger Jahre.

»Baron Canistraterra?« Lucia ist eindeutig verlegen.

»Ja. Der Schöpfer dieses Wunders hier.« Mit einer weiten Geste deutet sie auf die Bungalows der Villa Metaphora. »Wie ist er gestorben?« Die Poulanc tauscht einen raschen, verständnisinnigen Blick mit Brigitte Reitt, die zu ihrer Rechten sitzt.

»Also, jetzt, Signora …« Lucia sieht sich um, ihr Unbehagen wächst sichtlich.

Architekt Gianluca Perusato, Besitzer und Restaurator der Villa Metaphora, steht wenige Meter entfernt, untadelig in seinem weich geschnittenen Anzug aus Ecru-Leinen. Im Nu begreift er die Bedrängnis in den Augen seiner Assistentin und tritt an den Tisch. *»Est-ce que je peux vous aider, Madame?«*

»*Merci*, aber ich rede mit Mademoiselle.« Die

Poulanc verbirgt nicht, dass seine Einmischung sie ärgert.

»Die Signora hat mich nach dem Tod des Barons gefragt …« Hilfesuchend wendet sich Lucia an ihren Arbeitgeber und vermutlichen Liebhaber.

Architekt Perusato zuckt leicht zusammen, seine Gesichtszüge verhärten sich. »Warum interessiert Sie das?«

»Nun, bis vor wenigen Tagen stand auf Ihrer Webseite, dass die Villa Metaphora nach dem tragischen Tod des Barons jahrzehntelang dem Verfall preisgegeben war.« Die Poulanc lässt ihren inquisitorischen Blick von dem Architekten zu Lucia wandern. »Aber als ich gestern noch mal nachlesen wollte, war das ›tragisch‹ verschwunden.«

»Das Adjektiv war redundant«, erklärt der Architekt wie aus der Pistole geschossen. »Jeder Tod ist tragisch, *n'est-ce pas?*«

»Na ja, manche Tode sind entschieden tragischer als andere, *n'est-ce pas?*«, erwidert die Poulanc trocken, mit einer nervösen Falte um den Mund.

»Oh, der Tod des Barons war ein großer Verlust.« Perusato versucht, auf beweihräuchernde Phrasendrescherei umzuschwenken. »Wer weiß, zu welchen interessanten Studien und Überlegungen er noch fähig gewesen wäre, wenn er länger gelebt hätte, ein so außergewöhnlicher Humanist und Wissenschaftler.«

»*What the fuck are they gabbing about?*« Lynn Lou dreht sich zu Lara um. So ungeschminkt und zerzaust, in diesem kindischen T-Shirt und den zu weiten Shorts würden sie wohl nur die wenigsten ihrer Abermillionen Fans erkennen.

Lara fasst ihr in drei Worten den Schlagabtausch zwischen dem Architekten und der Französin zusammen, sie weiß, dass es in Lynn Lous Kopf eine Taste gibt, mit der sie im Bruchteil einer Sekunde von der lästigsten Neugier auf eiskaltes Desinteresse umschalten kann.

»*So how the fuck did the baron die?*« Lynn Lou kippt noch einen Schluck Negroni, was ihr noch einen wütenden Blick von ihrem Gatten Brian Neckhart einträgt.

Lara schüttelt den Kopf und bemüht sich, dem Gespräch zwischen Simone Poulanc und Gianluca Perusato zu folgen. Auch das Ehepaar Cobanni ist ganz Ohr, auch Brigitte Reitt. Nur der Banker und sein Assistent reden unbeirrt weiter.

»Ist er etwa ermordet worden?« Die Poulanc fordert Perusato heraus. »Oder hat er sich umgebracht? Ein Gewehrschuss à la Hemingway? Nun sagen Sie schon, *Monsieur l'architecte!*«

»*Madame …*« Es ist überdeutlich, dass der Architekt sie zum Teufel schicken würde, wenn seine Rolle ihn nicht zur Liebenswürdigkeit verpflichtete.

»Wann gibt es endlich was zu essen?«, ruft Werner Reitt laut von seinem Tisch herüber.

»In ein paar Minuten, Herr Reitt.« Anstatt sich über den Ton des Bankers aufzuregen, scheint Perusato froh zu sein, dass er das Thema wechseln kann. »Gleich ist es so weit, meine Herrschaften.« Selbstbewusst lächelt er in die Runde, um den Gästen zu versichern, dass das Timing hier so weise abgestimmt ist wie alles Übrige.

Carmine, Bootsmann und Faktotum, betritt die Terrasse: Sein sonnenverbranntes Gesicht, die schwarzen Haare und die dunklen Augen bilden einen Kontrast zu seiner strahlend weißen Uniform. Perusato fängt ihn sofort ab. »Warum zeigst du den Herrschaften nicht die herrlichen Seebarben, die heute Morgen aus Bonarbor gekommen sind? Sie sollten bewundert werden, bevor unser Küchenchef Ramiro sie auf seine meisterliche Art verwandelt.«

Carmine wirkt gar nicht erfreut darüber, einen Auftrag zu erhalten, der unter seiner Würde ist, und noch dazu vor seinem Idol Lynn Lou Shaw.

»Hast du nicht gehört? *Quo uaiti?*« Lucia fragt ihn in Tareser Dialekt, worauf er noch warte, und scheucht ihn mit Gesten davon.

Carmine zaudert, wirft Lynn Lou anbetende Blicke zu und sieht Brian Neckhart hasserfüllt an.

Simone Poulanc lässt sich nicht beirren, sie drängt Lucia erneut. »Erzählen Sie einfach frisch von der Leber weg, Signorina. Der Tod des Barons Canistraterra ist doch kein Tabu!«

»Nein, aber ...« Perusato, der neben ihr steht, macht Lucia noch befangener.

Die Poulanc schnauft ungehalten. »Tut mir leid, aber diese ganze Geheimniskrämerei lässt einen das Schlimmste vermuten, *franchement*!«

»Der Baron? Der ist nach elf Tagen pausenlos tobendem Sturmwind übergeschnappt. Hat sich den Steilhang runtergeschmissen. Von da.« Carmine weist auf eine Ecke der Terrasse, die über den Abgrund ragt. »Ganz zermatscht haben sie ihn unten von den Felsen gekratzt.«

Architekt Perusato sieht ihn wütend an. »Dich hat keiner was gefragt, Carmine, ich habe dich nur gebeten, die Seebarben herzuholen!«

Die Zurechtweisung kränkt Carmine, seine Augen funkeln.

Lucia fordert ihn noch mal mit einer schroffen Handbewegung zum Gehen auf: »*Camòn*, los!« Er zögert, dann gibt er widerwillig nach, verschwindet Richtung Küche.

»Deshalb also wollten Sie das nicht erzählen!« Poulancs Tonfall ist giftig und aufgeregt. »Das Ende des Barons ist alles andere als eine sexy Reklame für dieses Etablissement hier.«

»Madame, je vous en prie …« Perusato ringt um Beherrschung, vermutlich hätte er größte Lust, auch sie von der Terrasse zu stoßen.

»Offensichtlich ist der Baron dem Fluch erlegen, den die Tareser dieser verlassenen Küste zuschrieben. Obwohl er auf die Zahl sieben zurückgriff, um ihn zu bannen«, wirft Ingenieur Cobanni auf seine liebenswürdige Weise ein. »Die sieben Terrassen, die sieben Laternen und so weiter. Die Sieben verkörperte in der Antike das vollkommene Gleichgewicht und war somit eine Art Schutzmittel gegen das Chaos.«

»Baron Canistraterra betrachtete Tari als heiligen Ort, Ingegnere«, korrigiert ihn Architekt Perusato.

»Heilig und *gefährlich*, schreibt er in seinem Buch.« Cobanni weiß, wovon er spricht, er verbringt Stunden damit, im Salon in dem dicken Band mit den Aufzeichnungen des Barons zu lesen. »Die alten Inselbewohner hatten ihn tausendmal gewarnt.«

»Da handelte es sich um den Aberglauben einer primitiven Kultur, Ingegnere.« Perusato lächelt, aber man merkt, dass es ihn immer mehr Mühe kostet.

»What the hell are they saying?« Ein paar Worte Italienisch hat Lynn Lou zwar in Rom am Set aufgeschnappt, aber das reicht nicht, um dem Gespräch zu folgen.

Lara schildert ihr das Ende des Barons, wobei ihr das Bild seines Sturzes entsetzlich lebhaft vor Augen steht.

»Fuck!« Auf ihre kindliche Art ist Lynn Lou über die Maßen betroffen. *»He jumped from there?«* Mit ihrem Negroni-Glas in der Hand erhebt sie sich, geht an den Rand der Terrasse, schaut hinunter. Sie sieht aus wie ein großes, blondes Kind, sinnlich und gelangweilt, provokant, fasziniert vom Abgrund. Ohne jede Vorwarnung steigt sie auf das Mäuerchen, streckt schwungvoll die Hand mit dem Glas nach vorn, die andere nach hinten, um die Balance zu halten, und hebt ein Bein.

»Hey, get down!« Brian Neckhart springt auf, bremst sich aber sofort, um sie mit seinen hektischen Bewegungen nicht noch mehr zu erregen.

Auch Lara steht auf und stockt, wie er. Die anderen Gäste, der Architekt und Lucia sind wie gelähmt, alle halten den Atem an, alle Blicke sind auf die Schauspielerin gerichtet.

Lynn Lou schwankt kaum merklich, über den

Rand des Abgrunds gestreckt in der absurden Pose einer Tänzerin. Ihr Gleichgewicht ist labil, könnte jeden Moment kippen.

Da kommt Carmine mit einem Tablett voller Seebarben aus der Küche, Lynn Lou dreht sich herum, um ihn anzusehen, und verliert die Balance: Das Negroni-Glas rutscht ihr aus der Hand und zerschellt in der Tiefe.

Carmine lässt das Tablett fallen, saust auf sie zu, umfasst sie, kurz bevor auch sie hinabstürzt, in der Taille. Mit größter Vorsicht hebt er sie vom Mäuerchen herunter; schwer atmend halten sie sich noch einen Augenblick in den Armen, bevor sie sich wie in Zeitlupe mit linkischen Bewegungen voneinander lösen.

Bebend umringen Brian Neckhart, Lara, Architekt Perusato, Lucia und die anderen Gäste der Villa Metaphora die beiden und schreien in verschiedenen Sprachen und Tonlagen wild durcheinander.

Lara wendet sich ab, und ihr Blick fällt auf die zwischen den Scherben des Tabletts auf dem Lavasteinboden verstreuten Seebarben: wie sie da mit großen schwarzen Pupillen in gelben Augen und mit grellrosa Streifen auf silbrigweißen Leibern im schier unerträglichen Sonnenlicht glitzern.

Leonardo Sciascia

Die weite Reise

Es war eine Nacht wie eigens geschaffen, eine Finsternis, so stockdunkel, dass man bei jeder Bewegung ihr Gewicht zu spüren meinte. Und furchterregend, als atme das wilde Tier, die Welt, war das Rauschen des Meeres, ein Atmen, das zu ihren Füßen verebbte.

Da standen sie nun mit ihren Pappkoffern und Bündeln auf einem durch Hügel geschützten steinigen Strand zwischen Gela und Licata. Angelangt waren sie dort bei Einbruch der Dämmerung und aus ihren Dörfern aufgebrochen im Morgengrauen; aus Dörfern im Innern, weit weg vom Meer, Klumpen in den ausgedörrten Landstrichen des Großgrundbesitzes. Manche von ihnen sahen das Meer zum ersten Mal. Und sie erschraken bei der Vorstellung, dass sie es ganz überqueren sollten, von diesem verlassenen nächtlichen Strand in Sizilien bis hinüber zu einem ebenso verlassenen nächtlichen Strand in Amerika. Denn so war es ausgemacht: »Ich bring euch nachts an Bord«, hatte der Mann gesagt, eine Art Handelsvertreter seinem Mundwerk nach, aber mit ernsthaftem, ehrlichem Gesicht, »und ich setz euch auch nachts an Land, am Strand von Nudschörsi, nicht weit von Neujork ... Wer Verwandte in Amerika hat, kann ihnen schreiben, sie sollen an der Bahnstation Trenton warten, zwölf Tage nach der Abfahrt ... Rechnet euch das selber aus ... Auf den Tag genau kann ich's natürlich nicht garantieren. Wenn zum Beispiel hoher Seegang ist oder wenn die Küstenwache aufpasst ... Aber auf einen Tag mehr oder weniger kommt's ja nicht an. Entscheidend ist, dass ihr überhaupt in Amerika landet.«

Entscheidend war wirklich, dass sie überhaupt in Amerika landeten. Wie und wann, darauf kam es nicht an. Wenn ihre Briefe mit den unleserlichen Adressen, die sie mühsam auf die Briefumschläge krakelten, die Verwandten erreichten, dann würden auch sie ankommen: »Wer sprechen kann, kommt übers Meer«, hieß es doch im Sprichwort. Und sie würden übers Meer kommen, über das große dunkle Meer, und würden in Amerika landen, in Amerika mit seinen *Stores* und *Farms* und ihren lieben Brüdern, Onkeln, Neffen und Vettern und den warmen, reichen, stattlichen Häusern und den Autos, wie Häuser so groß.

Zweihundertfünfzigtausend Lire – die Hälfte bei

der Abfahrt, den Rest bei der Ankunft. Sie trugen sie wie ein Skapulier auf der bloßen Haut unter dem Hemd. Um sie zusammenzubekommen, hatten sie alles verkauft, was es zu verkaufen gab: die Lehmhütte, das Maultier, den Esel, die Erntevorräte, die Kommode, die Bettdecken. Die ganz Schlauen waren zu den Wucherern gegangen in der heimlichen Absicht, sie zu betrügen, einmal wenigstens, nach der Tyrannei, die sie erduldet hatten, all die Jahre lang. Es war ihnen eine Genugtuung, sich vorzustellen, was für ein Gesicht die machen würden, wenn sie es erführen. »Komm doch und such mich in Amerika, du Blutsauger! Vielleicht zahl ich dir sogar dein Geld zurück, wenn du mich findest. Aber ohne Zinsen!« Der Traum von Amerika, das hieß Dollars im Überfluss, Geld, das man nicht mehr in der abgegriffenen Brieftasche aufbewahrte oder unterm Hemd versteckte, sondern lässig in die Hosentaschen stopfte und in ganzen Händen voll hervorzog, wie sie es bei ihren Verwandten gesehen hatten, die halb verhungert, mager und sonnenverbrannt fortgegangen waren und nach zwanzig, dreißig Jahren zurückkamen, aber nur auf einen kurzen Urlaub, mit vollen Wangen und rosigem Gesicht in schönem Kontrast zu ihrem weißen Haar.

Es war schon elf Uhr. Einer von ihnen knipste

die Taschenlampe an als Signal, dass man kommen könne, um sie zu holen und aufs Schiff zu bringen. Als er die Lampe wieder ausknipste, schien die Dunkelheit noch dichter und beängstigender. Doch wenige Minuten später tauchte aus dem besessenen Atmen des Meeres ein menschlicheres, vertrautes Wassergeräusch auf: wie wenn Eimer im Rhythmus gefüllt und ausgegossen würden. Dann ein Flüstern und leises Tuscheln. Und bevor sie recht begriffen, dass das Boot angelegt hatte, stand Signor Melfa vor ihnen. Unter diesem Namen jedenfalls kannten sie den Anführer ihres Abenteuers.

»Alle da?«, fragte Signor Melfa. Er machte die Taschenlampe an und zählte durch. Zwei fehlten. »Vielleicht haben sie es sich anders überlegt, oder sie kommen später ... Ihr Pech! Oder sollen wir etwa auf sie warten bei dem Risiko, das wir eingehen?«

Alle sagten, es sei nicht angebracht, auf sie zu warten.

»Wenn einer von euch das Geld nicht dabeihat«, warnte Signor Melfa, »dann soll er lieber gleich den Weg zwischen die Beine nehmen und wieder nach Hause gehen. Denn wer glaubt, er kann mir an Bord mit der Überraschung kommen, der täuscht sich gewaltig! Ich bringe euch an Land, so wahr mir Gott helfe, alle wie ihr hier seid. Aber dass alle für einen büßen, ist ungerecht. Also, wer etwas schuldig bleibt, der bekommt es mit mir und mit den andern zu tun und bezieht eine Tracht Prügel, die er sein Lebtag nicht vergessen wird, wenn er lebend davonkommt …«

Alle schworen und beteuerten, sie hätten das Geld dabei, abgezählt bis auf den letzten Soldo.

»Los, ins Boot«, rief Signor Melfa. Und im Nu wurde jeder der Reisenden zu einer formlosen Masse, zu einem wirren Haufen Gepäck.

»Jesus! Habt ihr euer ganzes Haus mitgenommen?« Er fing an, vor sich hin zu fluchen, und hörte erst auf, als die ganze Ladung – Menschen und Gepäck – ins Boot verfrachtet war, auch auf die Gefahr hin, dass ein Mensch oder ein Bündel über Bord ging. Der Unterschied zwischen Mensch und Bündel bestand für Signor Melfa darin, dass der Mensch zweihundertfünfzigtausend Lire bei sich trug, in die Jacke eingenäht oder unterm Hemd auf der bloßen Haut. Er kannte sie, kannte sie nur zu gut: diese ungehobelten Bauern, diese Tölpel.

Die Fahrt dauerte weniger lange als erwartet: Elf Nächte, die der Abfahrt mitgerechnet. Sie zählten die Nächte statt der Tage, denn die Nächte mit ihrem grässlichen Durcheinander waren zum Ersticken. Ein Geruch von Fisch, Maschinenöl und Erbrochenem umhüllte sie wie eine pechschwarze warme Flüssigkeit, von der sie noch trieften, wenn sie bei Tagesanbruch zermürbt an Deck stiegen, um Licht und Luft zu schöpfen. Doch weil sie sich das Meer wie die grünschimmernde Fläche eines im Winde wogenden Kornfelds vorgestellt hatten, machte ihnen das richtige Meer Angst: Ihr Innerstes zog sich zusammen, und es flimmerte ihnen vor den Augen bei all dem Licht und tat weh, selbst wenn man nur kurz hinschaute.

In der elften Nacht aber rief Signor Melfa sie an Deck. Zuerst glaubten sie, Sterne seien dichtgedrängt wie Herden auf das Meer herabgesunken; doch es waren Städte, Städte des reichen Amerikas, die wie Edelsteine in der Nacht funkelten. Auch die Nacht selber war wie verzaubert – ruhig und mild, mit einem Halbmond, der zwischen durchsichtigen Wolkentieren dahinzog, und einer Brise, in der sich die Lungen weiteten.

»Das ist Amerika«, sagte Signor Melfa.

»Besteht auch keine Gefahr, dass es ein anderes Land ist?«, fragte einer, denn er hatte die ganze Zeit daran gedacht, dass es im Meer weder Straßen noch Wege gibt, und Gott allein konnte zwischen Himmel und Wasser ein Schiff den rechten Weg führen, ohne ihn zu verfehlen.

Signor Melfa sah ihn mitleidig an und fragte alle: »Habt ihr denn in eurer Gegend schon mal so einen Horizont gesehen? Und merkt ihr nicht, dass die Luft anders ist? Seht ihr nicht, wie diese Städte leuchten?«

Alle bestätigten es und sahen mitleidig oder ungehalten ihren Gefährten an, der es gewagt hatte, eine so dumme Frage zu stellen.

»Jetzt rechnen wir ab«, sagte Signor Melfa.

Sie griffen sich unters Hemd und holten das Geld hervor.

»Haltet eure Sachen bereit«, sagte Signor Melfa, nachdem er abkassiert hatte.

Sie brauchten nur wenige Minuten. Der Reiseproviant, den sie wie vereinbart mitgebracht hatten, war so gut wie aufgezehrt. So blieben ihnen nur noch ein paar Wäschestücke und die Geschenke für die Verwandten in Amerika: ein Schafskäse, eine Flasche alter Wein, ein gesticktes Deckchen, das man in die Tischmitte oder auf die Sofalehne legen konnte. Leichten Herzens stiegen sie lachend und vor sich hin summend ins Boot; und als das Boot ablegte, fing einer sogar lauthals an zu singen.

»Habt ihr denn gar nichts kapiert?«, schimpfte Signor Melfa. »Wollt ihr, dass ich Scherereien bekomme? … Sobald ich euch an Land abgesetzt habe, könnt ihr zu dem erstbesten Polizisten rennen, der euch über den Weg läuft, und euch mit dem nächsten Schiff wieder nach Hause bringen lassen. Das schert mich einen Dreck! Jeder hat die Freiheit, sich umzubringen, wie er will … Ich habe mich jedenfalls an die Abmachungen gehalten. Hier ist Amerika, ich habe euch hergeschafft und meine Pflicht erfüllt … Aber lasst mir um Gottes willen Zeit, wieder an Bord zu gehen!«

Sie ließen ihm mehr Zeit, als er brauchte. Denn sie blieben unschlüssig auf dem kühlen Sand sitzen, wussten nicht, was sie tun sollten, und segneten und verwünschten die Dunkelheit, die sie schützte, solange sie am Strand sitzen blieben, sich aber in eine schreckliche Falle verwandeln würde, sobald sie sich aus ihr hinauswagten.

Signor Melfa hatte ihnen empfohlen: »Verstreut euch!« Aber keiner mochte sich von den anderen trennen. Und wer wusste denn, wie weit es bis Trenton war und wie lange man bis dorthin brauchte.

Von fern und unwirklich hörten sie jemanden singen. ›Klingt wie ein Fuhrmann bei uns zu Haus‹, dachten sie. Die Welt war doch überall gleich. Überall drückte der Mensch im Singen die gleiche Traurigkeit, das gleiche Leid aus. Aber sie waren nun in Amerika, die Städte, die hinter dem

Horizont aus Sand und Bäumen blinkten, waren Städte in Amerika.

Zwei von ihnen beschlossen, einen Erkundungsgang zu machen. Sie gingen auf den Lichtschein zu, der vom nächstgelegenen Ort zum Himmel aufstieg. Die Straße fanden sie sofort. »Asphaltiert, in gutem Zustand. Hier ist es anders als bei uns.« Doch eigentlich hatten sie sie sich breiter und gerader vorgestellt. Um Begegnungen zu vermeiden, hielten sie sich abseits und gingen neben der Straße unter den Bäumen lang.

Ein Auto fuhr vorbei. »Sieht aus wie ein Fiat 600.« Dann ein anderes, das aussah wie ein Fiat 1100, und dann noch eins. »Sie halten sich unsere Autos zum Spaß oder kaufen sie für ihre Kinder wie wir Fahrräder.« Dann fuhren mit ohrenbetäubendem Lärm zwei Motorräder hintereinander vorbei. Das war die Polizei, gar keine Frage. Ein Glück, dass sie abseits der Straße geblieben waren.

Endlich kamen Wegweiser. Sie schauten vor und zurück, traten auf die Straße, gingen näher heran und lasen: *Santa Croce Camarina – Scoglitti.*

»Santa Croce Camarina – der Name kommt mir bekannt vor.«

»Mir auch. Scoglitti hab ich auch schon mal gehört.« – »Vielleicht hat einer von unseren Verwandten da gewohnt, mein Onkel vielleicht, bevor er nach Filladelfia gezogen ist. Denn ich weiß, dass er zuerst noch in einer anderen Stadt wohnte.«

»Mein Bruder auch, er hat auch in einer anderen Stadt gewohnt, bevor er nach Bruklin gezogen ist … Aber wie sie hieß, weiß ich nicht mehr. Und außerdem, wir lesen es Santa Croce Camarina, wir lesen Scoglitti. Aber wie das hier gelesen wird, wissen wir nicht. Amerikanisch wird nicht so gelesen, wie man es schreibt.«

»Ja, das ist ja das Schöne am Italienischen, dass du es genauso liest, wie du es schreibst … Aber wir können nicht die ganze Nacht hier verbringen, wir müssen uns aufraffen … Das nächste Auto, das kommt, halte ich an. Ich frage einfach: ›Trenton?‹ … Die Leute sind hier höflicher … Auch wenn wir nicht verstehen, was sie sagen, irgendeine Geste oder ein Zeichen werden sie machen. Und wir werden auf jeden Fall kapieren, in welcher Richtung dieses vermaledeite Trenton liegt.«

Um die zwanzig Meter entfernte Kurve kam ein Fiat 500. Der Fahrer sah sie plötzlich vorspringen, mit erhobenen Händen, um ihn anzuhalten. Fluchend bremste er. An einen Überfall dachte er nicht, denn es war eine sehr ruhige Gegend. Er nahm an, dass sie mitfahren wollten, und öffnete die Wagentür.

»Trenton?«, fragte einer der beiden.

»Was?«, fragte der Autofahrer.

»Trenton?«

»Was für ein Trenton, heilige Madonna?«, fluchte der Mann im Auto.

›Er spricht Italienisch‹, dachten die beiden und sahen sich fragend an. Ob sie einem Landsmann ihre Lage offenbaren sollten?

Der Autofahrer schlug die Tür zu und fuhr wieder an. Der Wagen machte einen Satz nach vorn. Da erst schrie er die beiden an, die, wie zu Säulen erstarrt, auf der Straße stehen blieben: »Saufbolde, Gehörnte, Hurensöhne …« Das Weitere verlor sich im Motorenlärm.

Schweigen machte sich breit.

»Jetzt erinnere ich mich«, sagte nach einem Augenblick der, dem der Name Santa Croce bekannt vorgekommen war, »nach Santa Croce Camarina ist mein Vater einmal, als wir ein schlechtes Jahr hatten, zur Erntearbeit gegangen.«

Niedergeschmettert ließen sie sich auf den Rand des Straßengrabens fallen. Es hatte keine Eile, den anderen die Nachricht zu bringen, dass sie in Sizilien gelandet waren.

Liaty Pisani

Zitroneneis

Der Mann saß an einem Tisch auf der Terrasse und bewunderte die Aussicht auf den Golf von Palermo. Ein Kellner in Livree trat näher und servierte ihm ein eisgekühltes Getränk.

»Darf es sonst noch etwas sein, Dottore?«, fragte der Kellner in einem unterwürfigen Ton.

»Es ist gut so, Alfonso, danke. Vielleicht später …«, antwortete der Mann, ohne den Blick von dem Panorama zu wenden.

Es wäre schwierig gewesen, sein Alter zu schätzen, denn je nach Stimmung und Umständen mochte er wie vierzig, fünfzig oder sechzig scheinen. In diesem Augenblick sah er aus wie ein Vierzigjähriger. Der elegante beige Leinenanzug war perfekt geschnitten und nur ganz wenig zerknittert, und der weiße Panama lag auf dem Tisch. In den Händen hielt er eine kostbare Ausgabe der Schriften Leonardo da Vincis.

Das Castello, von dem aus der Mann den Golf betrachtete, lag auf einem Ausläufer des Monte Pellegrino, des »schönsten aller Vorgebirge der Welt«, wie Goethe in seiner *Italienischen Reise* schreibt. In den dreißiger Jahren von einem großen sizilianischen Bauherrn als Luxushotel und Spielcasino errichtet, war das Castello bald jämmerlich heruntergekommen und während des Zweiten Weltkriegs als Basis der faschistischen, später der deutschen und schließlich der amerikanischen Flugabwehr genutzt worden.

Der Mann wandte sich um und betrachtete den eindrucksvollen Bau hinter sich, der Jahrzehnte nach Kriegsende seine einstige Pracht wiedererlangt hatte. Er beherbergte jetzt das *Centro Studi Mediterraneo*, ein Institut für Managerausbildung und sozioökonomische Studien, das von der Elite internationaler Wirtschaftsexperten besucht wurde. Das Gebäude verfügte über eine ganze Reihe von Seminarräumen, eine Aula, mit modernsten Computern ausgestattete Büros sowie zwei Dutzend Zimmer und eine Fürstensuite, um die Gäste unterzubringen. Dazu kam das vorzügliche Restaurant. Die prachtvollen Jugendstilsalons, die Treppen aus kostbarem Marmor, die Terrassen und Parkanlagen, von denen aus man den Golf bewundern konnte, der zur Stadt hin abfallende Pinienhain, all dies machte aus dem Castello einen Ort außergewöhnlicher Schönheit.

Der Mann war stolz darauf, denn er hatte nicht unwesentlich dazu beigetragen, den Phönix aus der Asche steigen zu lassen. Nun konnten die Palermitaner von jedem Punkt der Stadt aus diese rosa Burg mit den zinnengekrönten Mauern bewundern, eingepasst in den Berg, der wegen der Weihestätte von Santa Rosalia als heilig galt.

Er sog die nach Orangenblüten duftende Luft tief ein. Die laue Brise trug die Gerüche der mediterranen Vegetation heran, und die in das grelle Julilicht getauchte Stadt unter ihm wirkte an diesem Sommersonntag wie ausgestorben.

Der Mann gab dem Kellner erneut ein Zeichen. Dieser kam aufmerksam näher.

»Bring mir das Handy des Centro. Ich habe es im Zimmer gelassen.«

Als der Kellner sich entfernt hatte, lächelte der Mann. Der Gedanke amüsierte ihn, dass der Anruf, den er in Kürze unter dieser Nummer im Castello erhalten würde, bald den SISDE – den Arm des italienischen Geheimdienstes, der im Centro Studi eine verdeckte Basis unterhielt – in Schwierigkeiten bringen dürfte. Das Telefonat würde in den Daten der Telefongesellschaft SIP nachzuweisen sein, und das könnte die Karten durcheinanderbringen, die Spuren verwischen und für böses Blut sorgen.

»Hier bitte, Dottore«, sagte der Kellner und reichte ihm den Apparat. »Der Professor hat vom Flughafen aus angerufen und gebeten, Ihnen auszurichten, dass er gegen acht Uhr ankommt.«

Der Professor war ein bekannter Ökonom, der am nächsten Tag ein Seminar für junge Manager aus ganz Italien halten sollte.

»Danke«, sagte der Mann, nahm das Telefon und legte es auf den Tisch.

Er schloss die Augen ein wenig, wobei sein Blick auf der Silhouette des Ätna und der Äolischen Inseln am Horizont ruhte. Es überkam ihn eine fast physische Lust beim Anblick dieses außerordentlichen und geschichtsträchtigen Panoramas. Auf dem Monte Pellegrino hatte sich in den Punischen Kriegen der Karthager Hamilkar Barka verbarrikadiert. Und von ebendiesem Berg würde auch er einen Angriff unternehmen, doch von seinem Werk dürften keine Spuren bleiben. Er hatte sich schon oft gefragt, ob der Name »Monte Pellegrino« von dem lateinischen Wort *peregrinus* für »fremd« kam oder gar aus dem Arabischen, wo *gebel grin* »naher Berg« heißt. Vielleicht war er ja auch nach dem gleichnamigen Heiligen benannt, der im ersten Jahrhundert nach Christus von den Hängen dieses Berges aus die Bevölkerung von Palermo evangelisiert hatte, die den Göttern noch Menschenopfer brachte. In Wahrheit hatten die Menschenopfer trotz der Bemühungen des Heiligen in dieser Gegend nie aufgehört.

Er sah auf die goldene Piaget an seinem Handgelenk. Es war bald so weit. Er erhob sich aus dem Korbsessel und ging an die Brüstung des Aussichtspunkts. Aus der Tasche zog er ein kleines, starkes Fernglas und richtete es auf die Stadt. Er hätte auch mit bloßem Auge die Stelle, die ihn interessierte, sehen können, doch er wollte die Straße, in der in Kürze die Rechnung beglichen würde, noch genauer beobachten. Eine Straße Palermos wie zahlreiche andere, mit Bürgerhäusern und vielen geparkten Autos. Zu vielen. Er verzog verächtlich die Lippen und empfand fast Mitleid mit dem Feind: Die Autos in dieser Straße stellten einen so offensichtlichen Verstoß gegen die Sicherheit dar … Doch niemand hatte Abhilfe schaffen können oder wollen. Auch darin drückte sich ihre Macht aus.

Das Handy auf dem Tisch klingelte. Der Mann ging wieder an seinen Platz und meldete sich.

»Die Taube kehrt ins Nest zurück. In zehn Minuten …«, sagte eine Stimme mit schwerem sizilianischem Akzent. Der Mann antwortete nicht und beendete die Verbindung. Die Würfel waren gefallen, bald würde wieder Normalität einkehren, jedenfalls für sie. Er winkte, und der Kellner eilte erneut herbei.

»Bring mir ein Zitroneneis, das ist vielleicht eine Hitze …«

Er setzte sich und nahm das Buch von Leonardo da Vinci in die Hand. Er schlug es auf, und sein Blick fiel auf wenige, nüchterne Worte: *raro cade chi ben cammina*, so war es: Wer gut geht, wird selten fallen. Er lächelte über das Prophetische dieses Zufallsfunds. Kein Zweifel, auch der große Leonardo war auf seiner Seite. Denn in der Tat: Der Mann, der sehr bald in der Via D'Amelio eintreffen würde, war falsch gegangen, er hatte sich ihnen in den Weg gestellt, deshalb würde er fallen. Das war die Wahrheit. Wie immer hatte er in den Büchern eine Bestätigung seines Handelns gefunden, fast sogar Beifall.

Als der Kellner den Eisbecher vor ihn gestellt und sich wieder entfernt hatte, legte der Mann das Buch weg, stand auf und ging langsam zurück an die Brüstung. Unter ihm, in einer der Kurven der gewundenen Straße, die zum Castello führte, hatten die Männer bereits ihre Stellungen eingenommen und würden in Kürze den Fernauslöser betätigen. Die Technologie hatte die Dinge in den letzten Jahren sehr vereinfacht.

Er richtete das Fernglas auf die Via D'Amelio:

Die insgesamt drei Wagen des Richters und seiner Eskorte kamen mit quietschenden Reifen angefahren. Sie hielten vor dem Haus, wo Paolo Borsellino jeden Sonntag seine Mutter besuchte. Zuerst stieg die Wachmannschaft mit den Maschinengewehren aus. Einer der Polizisten öffnete die Wagentür. Der Richter stieg aus und wandte sich dem Hauseingang zu. Die jungen Polizisten um ihn herum drehten sich wie in einem Beschwörungstanz um sich selbst, blieben neben ihm, behielten dabei die Häuser und die Straße im Auge, die Waffe schussbereit, bildeten einen Schutzkreis in ständiger Bewegung. Doch das würde ihnen nicht helfen. Sie waren alle jung, aber die Jungen sind ja die Lieblinge der Götter.

Der Richter ging zur Sprechanlage und legte seine Hand auf die Klingel: seine letzte Bewegung. Eine Explosion zerriss die Stille, die Straße schien sich zu heben. Autos zerbarsten in der Luft, bunte Metalltrümmer im Licht der Sonne, dann verdüsterte sich alles, eine schwarze Wolke bedeckte die Häuser – der Richter Paolo Borsellino und seine Wachmänner waren in der Hitze zerfetzt worden.

Der Mann besah sich noch einen Augenblick die Szene und ging dann zurück an seinen Tisch. Es war wirklich zu heiß. Er nahm den Eisbecher in die

Hände, spürte die Kälte in seinen Handflächen. Er probierte das Eis. Kein Zweifel: Nirgendwo sonst auf der Welt gab es so gutes Zitroneneis wie auf Sizilien.

Nachweis

Andrea De Carlo (*1952, Mailand)

Das tragische Ende von Baron Canistraterra. Originalbeitrag für diese Anthologie. Copyright © 2016 Andrea De Carlo. Übersetzung aus dem Italienischen von Maja Pflug

Tari ist eine erfundene Insel im südlichen Mittelmeer. Das Personal dieser Geschichte ist dem Roman *Villa Metaphora* (2015, Diogenes Verlag, Zürich) entnommen

Erri De Luca (*1950, Neapel)

Am Strand. Auszug aus: *Fische schließen nie die Augen.* Copyright © 2013 Graf Verlag in der Ullstein Buchverlage GmbH, Berlin. Originaltitel: *I pesci non chiudono gli occhi.* Übersetzung aus dem Italienischen von Annette Kopetzki

Giorgio Faletti (*1950, Asti)

Auf fremde Rechnung. Aus: *Denn dein ist das Böse, Italien-Krimis*, Hg. von Giancarlo De Cataldo. Copyright © 2009 by Bastei Lübbe AG, Köln. Originaltitel: *Per conto terzi.* Übersetzung aus dem Italienischen von Karin Diemerling

Giovannino Guareschi (1908, Fontanelle di Roccabianca – 1968, Cervia)

Die Brandstiftung. Kapitel aus: *Don Camillo und Peppone.* Copyright © by Giovannino Guareschi. Für die deutsche Übersetzung © 1957 by Rowohlt Taschenbuchverlag

GmbH, Reinbek bei Hamburg. Originaltitel: *Incendio doloso.* Übersetzung aus dem Italienischen von Alfons Dalma

Patricia Highsmith (1921, Fort Worth/Texas – 1995 Locarno/Schweiz)

Die tapferste Ratte von Venedig. Aus: *Kleine Mordgeschichten für Tierfreunde.* Copyright © 2006 by Diogenes Verlag, Zürich. Originaltitel: *The Bravest Rat in Venice.* Übersetzung aus dem Amerikanischen von Melanie Walz

Kurt Lanthaler (*1960, Bozen)

Maderneid. Aus: *Heiße Hunde. Hirnrissige Geschichten.* Copyright © 1997 by Haymon Verlag, Innsbruck

Donna Leon (*1945, Montclair, New Jersey)

Tretminen. Erstmals erschienen unter dem Titel ›Merda!‹ in *Süddeutsche Magazin*, München, April 2008. Erscheint hier erstmals in Buchform. Copyright © 2011 by Diogenes Verlag, Zürich. Übersetzung aus dem Amerikanischen von Christa E. Seibicke

Carlo Lucarelli (*1960, Parma)

Eile mit Weile. Erscheint hier zum ersten Mal auf Deutsch. Aus: *Il lato sinistro del cuore.* Copyright © 2003, Giulio Enaudi editore s.p.a., Torino. Published by arrangement with Agenzia Letteraria Roberto Santachiara. Originaltitel: *Chi va piano*. Übersetzung aus dem Italienischen von Peter Klöss

Luigi Malerba (*1927, Berceto – 2008, Rom)

Das kalabresische Huhn. Aus: *Die nachdenklichen Hühner.* Copyright © Verlag Klaus Wagenbach, Berlin 1984. Originaltitel: *La gallina calabrese.* Übersetzung aus dem Italienischen von Elke Wehr

Alberto Moravia (1907, Rom – 1990, Rom)

Der falsche Zehntausender. Aus: *Racconti romani*, Bompiani-RCS Libri S.p.A. 1954–2016. Für die deutsche Übersetzung © by Michael von Killisch-Horn. Originaltitel: *Il biglietto falso.* Übersetzung aus dem Italienischen von Michael von Killisch-Horn

Liaty Pisani (*1950, Mailand)

Zitroneneis. Erstmals erschienen in *Du. Die Zeitschrift für Kultur*, Zürich, Juni 2003. Erscheint hier erstmals in Buchform. Copyright © Liaty Pisani. Originaltitel: *Un gelato al limone.* Übersetzung aus dem Italienischen von Ulrich Hartmann

Christoph Poschenrieder (*1964, Boston)

Farfalle. Originalbeitrag für diese Anthologie. Copyright © 2016 by Diogenes Verlag, Zürich

Giorgio Scerbanenco (1911, Kiew – 1969, Mailand)

Das geschenkte Alibi. Aus: *Das Beste vom Bösen.* Copyright © Giorgio Scerbanenco Estate. All rights reserved handled by the Italien Litarary Agency, Milan. Für die deutsche Übersetzung © Scherz Verlag. Bern 1973. Alle Rechte vorbehalten S.Fischer Verlag, Frankfurt am Main. Originaltitel: *L'ultimo regalo.* Übersetzung aus dem Italienischen von Heinz Kausträter

Leonardo Sciascia (1921, Racalmuto - 1989, Palermo)

Die weite Reise. Aus: *Das weinfarbene Meer.* Copyright © 1997 by Verlag Klaus Wagenbach, Berlin. Originaltitel: *Il lungo viaggio.* Übersetzung aus dem Italienischen von Sigrid Vagt

Marco Vichi (*1957, Florenz)

Ich bin wieder da. Aus: *Toscana in giallo.* Copyright © by Marco Vichi. Erscheint hier zum ersten Mal auf Deutsch. Originaltitel: *Sono tornato.* Übersetzung aus dem Italienischen von Petra Kaiser

Gefährliche Ferien – Südfrankreich

mit Martin Walker, Bernhard Schlink, Jean-Claude Izzo und anderen
Ausgewählt von Anna von Planta

Ein Buch fürs Handgepäck oder für die Reise im Kopf – zu den herrlichen Schauplätzen, die Südfrankreich zu bieten hat: Von den Trüffelhainen des Périgord über das nahe Bordeaux, die Pyrenäen mit ihren mittelalterlichen Burganlagen bis zur glamourösen Côte d'Azur, in die Provence und hinüber auf die wilde Insel Korsika. Neben Lavendelfeldern, Weingärten und gelben Sandstränden blühen Verbrechen und gefährliche Sommerlügen, und am strahlend blauen Himmel wetterleuchtet es aus dunkler Vergangenheit. Eine etwas andere Ferienreise, unter Führung von Meistern krimineller und seelischer Abgründe: Georges Simenon, Patricia Highsmith, Jean-Claude Izzo, Bernhard Schlink, Paulo Coelho, F. Scott Fitzgerald. Und mit einer Exklusivgeschichte von Martin Walker.

Liaty Pisani im Diogenes Verlag

Mit Ogden hat Liaty Pisani einen Spion geschaffen, der eine fatale Schwäche hat: Er hat ein Gewissen. Dennoch wird er mit seiner Intelligenz und Schnelligkeit bei den heikelsten Missionen eingesetzt. Für Ogden ist der Dienst seine Familie: als Ziehsohn eines Geheimdienstbosses ist er mit den Umgangsformen in der Welt der Top-Secret-Informationen vertraut. Was ihm nicht jede böse Überraschung erspart.

»Liaty Pisani wird abwechselnd als Königin, Meisterin oder Wiederbeleberin des Agententhrillers bezeichnet.« *Maren Keller / Spiegel Online, Hamburg*

»Liaty Pisani sorgt mit ihren Spionageromanen für Furore.«
Henning Klüver / Süddeutsche Zeitung, München

Das Tagebuch der Signora
Roman. Aus dem Italienischen
von Ulrich Hartmann

Die rote Agenda
Der Spion und der Pate
Roman. Deutsch von Ulrich Hartmann

Andrea De Carlo im Diogenes Verlag

»Wenn Andrea De Carlo schreibt, scheint er die Kamera durch die Feder ersetzen zu wollen, und sein Stil, weit entfernt von jedem literarischen Vorbild, erinnert an die Bilder der Maler des amerikanischen ›Fotorealismus‹.« *Italo Calvino*

»Andrea De Carlo hat sich mit Geschichten über Hoffnungen seiner Generation, die Folgen der rasanten Industrialisierung und die Schattenseiten des haltlosen Hedonismus ein großes Publikum erschrieben.«
Maike Albath / Neue Zürcher Zeitung

Vögel in Käfigen und Volieren
Roman. Aus dem Italienischen von Burkhart Kroeber

Creamtrain
Roman. Deutsch von Burkhart Kroeber

Macno
Roman. Deutsch von Renate Heimbucher

Yucatan
Roman. Deutsch von Jürgen Bauer

Zwei von zwei
Roman. Deutsch von Renate Heimbucher

Techniken der Verführung
Roman. Deutsch von Renate Heimbucher

Wir drei
Roman. Deutsch von Renate Heimbucher

Wenn der Wind dreht
Roman. Deutsch von Monika Lustig

Das Meer der Wahrheit
Roman. Deutsch von Maja Pflug

Als Durante kam
Roman. Deutsch von Maja Pflug

Sie und Er
Roman. Deutsch von Maja Pflug

Villa Metaphora
Roman. Deutsch von Maja Pflug

Christoph Poschenrieder im Diogenes Verlag

Christoph Poschenrieder, geboren 1964 bei Boston, studierte an der Hochschule für Philosophie der Jesuiten in München. Danach besuchte er die Journalistenschule an der Columbia University, New York. Er arbeitete als freier Journalist und Autor von Dokumentarfilmen, bevor er 2010 als Schriftsteller debütierte. Sein erster Roman *Die Welt ist im Kopf* mit dem jungen Schopenhauer als Hauptfigur erhielt hymnische Besprechungen und war auch international erfolgreich. Mit *Das Sandkorn* war er 2014 für den Deutschen Buchpreis nominiert. Christoph Poschenrieder lebt in München.

»Ein begnadeter Stilist, der sein Handwerk glänzend versteht und eine packende Geschichte leichtfüßig, stilistisch brillant und höchst lesenswert erzählen kann.« *Eckart Baier / Buchjournal, Frankfurt*

Die Welt ist im Kopf
Roman

Der Spiegelkasten
Roman

Das Sandkorn
Roman

Mauersegler
Roman